A mes étudiants en journalisme de bachelor 1ᵉ et 3ᵉ année de l'école Amos Paris, année 2019 2020

A ma petite sœur, mère sagesse mère courage.

Journalisme
Blogs magazines
et influenceurs

Je m'appelle Nicolas de Beaulieu, je suis webdesigner UX et e.commerce, et enseignant en écoles de commerces, depuis 2011. Avant ça, j'ai été graphiste 8 ans (Guerlain, Lancome ...), et journaliste 4 ans (Ouest France, Radio Nova). Parmi mes 10 cours j'en enseigne un sur le journalisme et les influenceurs ...

Le journalisme est une trame continue dans ma carrière.
J'ai beaucoup aimé apprendre ce métier au CFPJ à paris en 1998, puis comme journaliste spécialisé tourisme et culture, j'ai beaucoup aimé rencontrer des personnes diverses pour leur poser des questions, notamment à Radio nova, où j'ai eu la chance de travailler avec
Jean-francois Bizot, fondateur des magazines Actuel puis Nova mag, qui nous a quitté trop tôt.

Les médias ont bien changé. Le digital a tout bouleversé. Ca a beaucoup changé ? pas tant que ça. Il faut toujours du contenu de qualité. Quatre chaînes d'infos en continu, l'art de délayer un fait divers pendant 4 heures, des réseaux sociaux où l'on peut mesurer sa popularité en postant des photos de son chat, des marques qui s'incrustent discrètement partout, incitant à l'interaction.

**Bref, le contenu de qualité, texte photo vidéo,
a encore son mot à dire.**

Faire du buzz de la polémique de l'audience ?
Faire de la qualité, de la vulgarisation de sujets techniques ?
Il n'y a pas de bon ou de mauvais média, il n'y a que des
médias adapté à son segment de clientèle. En tout cas,
le journalisme n'est peut-être pas tout à fait mort ...

Vous trouverez dans ce livre des astuces pour créer un blog,
l'entretenir, réaliser une interview, un reportage, utiliser les
réseaux sociaux, garder un œil sur vos concurrents, rentabiliser
votre blog, par les abonnés par les annonceurs, gérer le
contenu vidéo,
et enfin comment devenir un influenceur que les gens veulent
suivre ... A vos stylos ! ...

Pour commencer voici mon syllabus, un document classique
pour les écoles ...

Sommaire /

Journalisme 2.0 et blogs — P. 11
Les grands auteurs, littérature du 19ᵉ siècle
Le droit du journalisme, France et étranger
Les lanceurs d'alerte
L'importance des sources fiables
La méthode des 5 W
Mettre en perspective, vulgariser

Les formes d'écriture : — P. 23
Brève interview éditorial reportage réécriture
Agences de presse, AFP reuter
Relations presse, attaché de presse
Evolution des médias presse radio TV applis
Fake news fact cheking
Les OSINT (open source intelligence)
Exercice : atelier d'écriture de reportage

Créer du contenu de qualité pour votre blog. P. 40
Brand content, gérer un blog, l'inbound
Contenu original et optimisé, recyclage optimisation,
Trouver des idées de séries d'articles
Les pages pilier d'un blog, idées d'articles en séries
(tuto conseil classement témoignage ...) exercice

Vendre son savoir faire — P. 57
Ecrire un cours, vendre un e.book,
Enregistrer des cours en ligne

Webdesign UX et blog   P. 63
Hébergement, sécurité piratage
Créer un blog avec wordpress
Rentabilité d'un blog (annonceurs et lecteurs)

Webmarketing   P. 80
Réseaux sociaux jeux concours
  référencement naturel
campagnes google et facebook
community manager, analytics   P. 98

Story telling   P. 112
Structures naratives ,
ciblage et plan média
Vidéo virale, Cadrage son lumière

Notions de stratégie   P. 126
3 matrices : SWOT, mapping,
  business model canvas. Persona,
  segmentation, Fidélisation,
Point légal, CGV CNIL

Journalisme et influenceurs

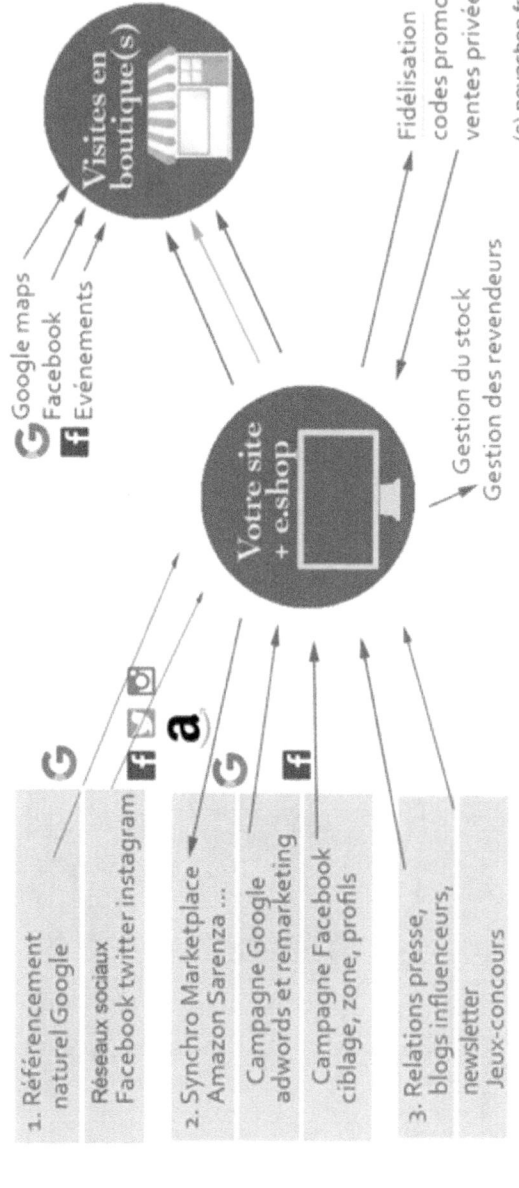

Apprenez ces deux schéma par cœur !

A mon avis c'est l'essentiel que vous deveez retenir en 5 ans d'école de commerce : l'importance du parcours utilisateur, et la notion de business modèle ...

Définitions importantes à noter

Business modèle : comment votre entreprise est-elle rentable. Les achats, les ventes les partenariats ...
Le meilleur est : par abonnement (ex: spotify, SFR).

Freemium : une gamme d'abonnements dont le premier est gratuit mais limité (ex: gmail).

Parcours utilisateur : prévoir toute la stratégie d'acquisition, de vente et de fidélisation sur un même parcours.

Community manager : il créé du contenu **texte photo vidéo** et le diffuse sur différents canaux et événements, puis il surveille les réseaux et répond.

Fidélisation: fidéliser coute moins cher qu'acquérir un nouveau client, en envoyant des codes promos et avantages.

CRM : gestion relations clients, avant et après la vente. (ex. hubspot)

Journalisme et influenceurs   -/ 10

Niveau Bachelor /

Journalisme 2.0 et blogs

(c) Nicolas de Beaulieu, - bachelor com - 20 h.
Objectif : Maîtriser les styles de rédactions, et rester crédible

Origines du journalisme les grands auteurs, les 5 W, les sources, grille d'analyse, les styles, brève, interview reportage, angle, hiérarchie revue de presse, outils de veille statuts, carte de presse, dossier de presse, attaché de presse	lanceurs d'alerte fake news et fact checking internet, blogs, wordpress ref. naturel, rés. Sociaux réécrire, droits d'auteurs évolution, presse, radio, tv événement, sport, "live" publicité, abonnements

Les grands auteurs

Avant le journalisme de guerre, les reportages et tribunes étaient réalisées par des écrivains :
- **19e/.** Maupassant écrit sur la maltraitance des enfants et les infanticides des enfants non désirés
- Emile Zola, écrit "j'accuse" dans l'aurore, sur l'affaire Dreyfus pour soutenir l'officier accusé d'espionnage parce qu'il est juif. Il s'inspire aussi de la grande grève des mines pour écrire son roman Germinal.

- Victor Hugo s'engage pendant la 2e révolution de 1848 du côté des ouvriers contre Napoléon III. Puis il écrit "les Misérables" et devient député. / - Avec lui, Flaubert s'engage pour le suffrage universel.
- **20e/.** Aragon s'engage comme Picasso au parti communiste et dans l'humanité, contre le fascisme.
- Joseph Kessel réalise des reportages sur Franco, la guerre d'espagne, et la grande crise de 29 aux US.
- à l'étranger on retrouve Dickens, puis Hemingway et Steinbeck (raisins de la colère) qui s'engagent aussi pour les ouvriers et contre la misère. Ainsi le journalisme et le roman se mêlent et se nourrissent.
- En peinture et au cinéma aussi, avec les frères lumière, puis jean renoir et marcel carné.

Exercice : formez 4 groupes et écrivez 4 articles (A4) sur : albert londres / jo pulitzer / joseph kessel / robert capa. commencez avec 3 sources 2 photos et une vidéo.

Le prix Albert Londres

Il couvre l'avancée allemande sur Reims et la marne en 14, et la chute des empires d'autriche et ottoman. Puis la révolution russe de 17. En 1923 il se rend en Guyane et écrit son chef d'oeuvre "Au bagne", qui réussi à le faire fermer. Depuis sa mort (en indochine) le prix albert londres récompense chaque année les prix de trois catégories : grand reporter de presse écrite, d'audiovisuel et de l'édition. A sa mort est créé le prix Albert Londres.

Le prix Pulitzer

Joesph Pulitzer émigre de hongrie en 1864 vers les états unis, et vit de petits boulots à New York puis en Caroline du nord.

Il est repéré quand il publie un article sur une arnaque financière, par le Saint Louis Post, dont il devient actionnaire, devient américain puis fait de la politique et achète d'autres journaux dont World, concurrent de william randolf hearst, et co-fonde l'**Associated Press.**

Après sa mort est créé le prix Pulitzer en 1917, qui récompense chaque année un journaliste un musicien et un romancier. aujourd'hui on trouve les catégories : reportage photo éditorial poésie théâtre et roman.

Evolution des médias / La Presse

Beaucoup de journaux n'ont pas survécu à la guerre. En 1950, la moitié des journaux ont disparu. C'était essentiellement de la presse d'opinion (extrême droite ou extrême gauche).

Des grands journalistes, tous résistant : pierre lazaref, francoise giroud, raymond aron, jean-jacques servan-chreiber. Ils fondent leur journal : l'express, le nouvel obs, charlie hebdo, l'événement du jeudi qui devient Marianne. Ils couvrent les rébellions en indochine et en algérie. On voit aussi des journaux de loisirs, car la télévision est encore un objet couteux : Elle, l'équipe, télérama...

Après mai 68 réapparaissent des journaux d'opinion comme Libration, l'événement du jeudi, et Actuel, depuis disparus. Avec l'arrivée d'internet et de la presse gratuite, les journaux centenaires comme le figaro et le Monde s'adaptent et sortent des formules magazine en plus du quotidien et tentent de convaincre annonceurs et abonnés sur le net.

Evolution de la Radio

La radio a été inventée par Heinrich Hertz en Allemagne en 1920. Ce média et vite perçu par le pouvoir comme un élément a contrôler. Le parti nazi, l'URSS, produit des radios qui ne captent que leurs programmes.

Il faut attendre 1950 pour que les gens entendent des programmes non contrôlés et les allemands entendent enfin la vérité. Dès lors la radio développe des programmes de variété, chançons, théatre « dramatique radio », reportages…

Les gens connaissent les horaires de leurs programmes préférés, car la télévision reste encore un objet couteux.
Les étapes technologiques relancent régulièrement ce produit : batteries, stéréo, qualité de son, numérique et plus récemment les radios sur internet ainsi que les podcasts.

Evolution des médias / vers le digital

Les médias ont beaucoup changé.
L'offre : par le numérique, tout se mélange
(ex: radio -> TV, TV -> écrit),
et la demande : mobilité, sur plusieurs écrans, l'arrivée du replay. Voyons leurs évolutions ...
Presse quotidienne : lemonde, lefigaro, libération, les echos, leparisien / PQR presse régionale
presse hebdo : courrier international, lobs, lexpress, lepoint, marianne > ont tous un bandeau de Direct
Radios : france inter, RTL, europe 1, nova, TSF ...
TV / info en continu (proximité) : franceinfo LCI BFMtv BFMbusiness Cnews LCP
+ info International (14 chaines) : france24 euronews / CNN, Skynews, Al Jazeera, BBC world ...
Sur le web : les web TV, les direct et replay / blogs et chaînes Youtube / web radios : tune in, podcast
Applis mobile : france24, lemonde,   / agrégateurs : google actualité, flipboard
Les métiers nécessaires : journalistes, producteurs, acheteur :
Marché des programmes et catalogues à acheter
(documentaires ...) : le MIP tv

Les droits du journaliste

- **En France** : la loi brachard de 1935 garantit la **liberté d'expression** et d'investigation, la protection des sources, encadre les droits d'auteur et le fait que tout le monde peut être journaliste .

- Les médias éditeurs inscrits à la commission de la carte de presse ont des tarifs de la poste très avantageux et leurs journalistes inscrits ont des accès garantis à des sources d'informations non publiques.
- ce statut n'existe pas du tout dans une dictature (interdit de parler des camps en russie et en pologne)

- **Droit international** : le CICR (croix rouge de genève, 1949) écrit la "convention de genève", signée par 190 pays. elle garantit que les armées n'ont pas le droit de tirer sur les journalistes les civils et les ambulances, oblige à nourrir les prisonniers et interdit la torture.

CICR

Lanceurs d'alertes

Un lanceur d'alerte est une personne qui dénonce un délit réalisé par l'entreprise qui l'emploi.
Exercice: Lanceur d'alerte. cherchez et résumez en 5 lignes ou plus chacun,
ce qui s'est passé avec chacune de ces 5 affaires : Edward Snowden (NSA), UBS (fraude fiscale), Unilever (prix des lessives), les enfants dans l'usine Nike, et enfin Julian Assange.+ un point sur la loi qui les protègent.

Des sources fiables

Il existe des endroits où s'adresser pour avoir des informations fiables.
Ils ont souvent un service de presse prêt à vous répondre : internet, mais attention (pas de réseaux sociaux pas de site bidon)
La mairie de Paris (ou d'une autre ville),
Une ambassade à Paris
Les ministères, de l'éducation de la santé de l'intérieur, affaires étrangères ...
L'APHP (hopitaux de paris)
un avocat spécialisé (aspect légal)
Amnesty international, Green Peace,
Assoce humanitaire, MSF croix rouge emmaüs ...
La presse sérieuse validée : lemonde lescehcos leparisien franceinfo france24 ...
Interview d'une personne impliquée ou d'un expert

La méthode des 5 W > les brèves

- Le journalisme moderne, factuel, clair et net, est né pendant la 2e guerre mondiale. A l'époque, les correspondants de guerre doivent faire court pour aller à l'essentiel avant une éventuelle coupure radio. - Une méthode apparaît, **Les 5 W : what's new, when who where how.**

Ou en français : Quoi de neuf, quand, qui, où, combien comment.

- On commence ainsi par le "quoi de neuf" (what's new), ce qui s'est passé de récent, puis on enchaîne avec les autres, et on obtient **une brève**.

Exemple : Jules César a débarqué en Bretagne ce matin > c'est le Quoi de neuf.

Puis décrire le dernier mois de la guerre : Qui (les généraux) quoi (les batailles)
quand (les dates) où (les cartes) comment (les armes) combien (les soldats).

Exercice : Ecrivez 5 brèves. Choisissez une actualité sur lemonde.fr, et répondez aux 5W en 3 lignes.
N'hésitez pas à couper ce qui est inutile et faites des phrases courtes, de moins de 10 mots !

Expliquer, mettre en perspective, simplifier

- Expliquer et donner des informations précises n'est pas si simple. A partir d'un sujet d'actualité complexe et global, il faut expliquer le plus simplement possible, et donner des comparaisons
proche de la vie des gens.

- Par exemple en politique, au sujet du pouvoir d'achat, citer des milliards ne suffit pas. Il faut comparer avec le revenu d'une personne au Smic, avec les autres pays européens, et aussi l'historique récent.

La grille d'analyse

Pour un produit ou un service, voici une méthode simple :
Tendances du marché, distribution, formation, lois et normes, l'offre, les régions, à l'étranger, les concurrents, les niches (spécialité),
la demande, vintage, les codes sociaux, historique, …
 bref, fouillez le sujet.

Exercice (individuel) : réalisez un article de 1 à 2 pages sur un produit ou service au choix, avec des intertitres pour les parties. Ajoutez-y des illustrations, et une liste de liens d'articles qui vous ont servi de sources. bref, cherchez, fouillez !

Les formes d'écriture :

brèves, reportages, interview ...

Le journalisme consiste à donner une forme à l'information, hiérarchisée, vérifiée (sources) et objective (neutre).
Il existe plusieurs formes :

La brève : doit expliquer en 3 phrases le fait le plus récent (quoi de neuf) puis les fameux 5 W.

L'interview : un témoignage sur le terrain. Le sujet (la personne) devient la source.
pas d'interprétation. Une interview se prépare !. recherche d'infos (sur le net) et de questions, avant.

Editorial : point de vue personnel (ou tribune).
Le récit : pour un fait divers. Infos chronologiques, clair et simple, sans analyse. (une brève en plus long)

Le reportage : le plus complet (et long). On essaye de faire le tour d'un sujet, analysez et CREUSEZ !.

Réécrire : la méthode la plus rapide. trouver et lire un article et le résumer en 10 lignes.

Angle et hiérarchie de l'info, diversité de l'info
- Angle : Abordez un sujet avec une question précise qui intéresse vos lecteurs.
- Hiérarchie de l'info : selon votre angle. regroupez les infos qui vous intéressent par chapitres,
les plus importantes en premier, et n'hésitez pas à supprimer ce qui est inutile.

- N'oubliez pas de simplifier d'être très clair et de faire des phrases courtes.
- Les éléments d'un article sont : titre, chapo, encadré, graphiques, inter-titre, légendes, fenêtres (citations).
Exemple : /www.lemonde.fr/economie/5/pression-fiscale .

Agences de presse, AFP, Reuters

- Les médias ont leurs fournisseurs ! Les médias gratuits comme 20 minutes et CNEWS matin
 y sont **abonnés** et publient le flux tel quel,
- pour les médias plus traditionnels, c'est une de leurs sources d'infos, à recouper avec des journalistes.
- Les principales sont :
AFP https://www.afp.com/fr/produits-services
Reuters /agency.reuters.com/fr.html
et Associated Presse ap.org/en-us/ (environ 1500 €/mois).

Relations presse / Dossier de presse

- Cette fois vous êtes du côté de l'entreprise et il faut donner envie aux journalistes de publier un extrait
 de ce dossier de presse, qui parle de votre produit ou service.
- Il doit contenir d'abord votre actualité sur laquelle vous voulez communiquer, par exemple :
 événement, nouvelle gamme, salon pro, partenariat, déménagement … **tout est bon pour communiquer** !

- Ecrivez des articles courts que les journalistes peuvent reprendre tel quel.
- ajoutez à la fin une présentation de votre entreprise, des photos, le lien à rajouter et des contacts

Attaché de presse

- un attaché de presse peut établir votre dossier de presse
- il va le transmettre à des journalistes et influenceurs qu'il connait déjà
- fournir des infos claires et honnêtes, et des visuels, images et graphiques chiffrés
- préparer une liste de journalistes et influenceurs,
- créer des événements presse, et envoyer des invitations

Exercice : vous travaillez pour Roland Garros et vous devez écrire un dossier de presse d'1 page minimum sur les travaux d'extension ou bien une marque de produit ou service au choix, avec des images.
Non pas sur la marque mais une actualité récente de la marque.

Panorama et évolution des médias / presse radio TV

Les médias ont beaucoup changé. L'offre : par le numérique, tout se mélange (ex: radio -> TV, TV -> écrit), et la demande : mobilité, sur plusieurs écrans, l'arrivée du replay. Voyons leurs évolutions ...

Presse quotidienne : lemonde, lefigaro, libération, les echos, leparisien / PQR presse régionale
presse hebdo : courrier international, lobs, lexpress, lepoint, marianne

Radios : france inter, RTL, europe 1, nova, TSF ...
TV / info et proximité : franceinfo LCI BFMtv BFMbusiness Cnews LCP
 info International (14 chaines) : france24 euronews / CNN, Skynews, Al Jazeera, BBC world ...
Autres TV : TNT (25 chaines gratuites), découverte (10), sport (18 dont 10 beinsport (quatar), divertissement (16), cinéma série (15 dont netflix, 6 canal + et 4 OCS), loisirs conso lifestyle (12), jeunesse (17), régionales (78 dont 25 France 3), musique (21), international (138) . total 250.

Sur le web : les web TV, direct et replay / blogs et chaînes Youtube / web radios : tune in, podcast

Applis mobile : france24, lemonde, / agrégateurs : google actualité, flipboard

Applis des box tv : bouygues orange free SFR -> direct, replay et VOD (à la demande) même en mobilité

Les métiers nécessaires : journaliste, producteur, acheteur, communication

Marché des programmes et catalogues à acheter (documentaires …) : le MIP tv

Exercice : faites la liste des TV de sport et de loisirs.

Fake news

- 30 % préfèrent se renseigner sur les réseaux sociaux, et 15 % des gens ne croient plus les médias.
- Créer un site et publier des articles, tout le monde peut le faire en une heure. Mais qui se cache derrière ?
Re-publier une info sur facebook, juste parce qu'on est d'accord, c'est tentant ! mais si c'était faux ?

- Certains re-postent volontairement des fake news pour appuyer leur opinion, quitte à mentir et influencer les indécis, et le choix de leur vote. C'est dangereux pour la démocratie.

- Une loi est en préparation contre les fake news et la désinformation,
- Voici des sites délibérément parodique qui inventent des fake news : www.legorafi.fr et www.nordpresse.be

Non bill gates n'a pas créé le corona virus pour réduire la population en afrique.

Non il n'y a pas d'avocat gillet jaune

Non elle n'est pas agressée par des migrants

Journalisme et influenceurs

« L'Arabie Saoudite a décidé de financer plus de 30% de la campagne de Macron » selon un député socialiste Belge

Journalisme et influenceurs

Là c'est pire, il s'agit de lecteurs de « francais de souche » qui partagent volontairement cette information connaissant la source douteuse.

30% des gens se méfient des médias, pensent qu'ils sont manipulés, et 15% de croient et partagent que ce que leurs amis ont partagé.

Fact checking

Facebook a enfin accepté de traiter le problème et a confié la gestion du fact checking à l'AFP.
- Les chaînes d'info créent des rubriques de fact cheking, ainsi que des sites web :

Le monde : .lemonde.fr/les-decodeurs/ - AFP : factuel.afp.com/
- Arte .arte.tv/28mn/desintox/
France info : .francetvinfo.fr/vrai-ou-fake/ et .francetvinfo.fr/ -
HOAX buster : .hoaxbuster.com/

- la solution : **vérifier la source,** la date, le site, les citations et l'auteur. les photos sont-elles des montages ?
- voir .Le Fact checking chez Facebook , .Fact checking à l'école et Fake news et réseaux sociaux

Exercice : 1. Choisissez 5 fake news "efficaces" sur ces sites /
+ 2. Ecrivez un article de 3 chapitres sur :
- histoire de la fake news (dictature, théories du complot, propagande, les sites russes …) /

- fake news et populisme en politique (brexit, trump, brésil …) /
- la loi "contre la désinformation" de décembre 2018 en France.
Le tout sur une page minimum.

Veille éditoriale / revue de presse

Des outils numériques existent pour créer votre revue de presse quotidienne.
Choisissez vos sujets et vos sources.
 Pour vos revues de presse : www.**netvibes**.com (généraliste), et pour une alerte par mots clé : .google.fr/alerts (basique)
Au minimum **surveillez votre e.réputation** et vos concurrents

Exercice : créez un compte sur netvibes
et créez une revue de presse sur l'hôtellerie.
de ce résultat écrivez un bilan sur l'hôtellerie

Récapitulatif des 5 étapes pour une veille efficace

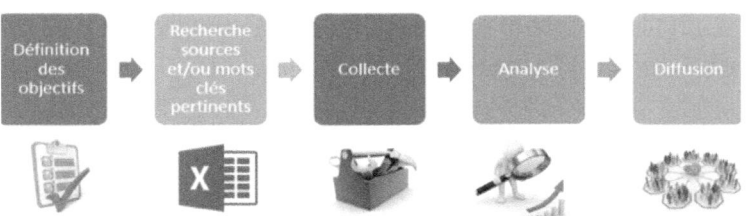

Définition des objectifs ➡ Recherche sources et/ou mots clés pertinents ➡ Collecte ➡ Analyse ➡ Diffusion

Traduction

Pour avoir sur son blog un article traduit en 4 langues, optez pour l'**automatique relu.**
- L'outil gratuit communautaire est google translate. chacun participe à améliorer les traductions.
il vaut mieux relire après.
- ajoutez des plugins (de gestion de langues) si vous avez wordpress.

Réécrire, réutiliser

- Copier d'un autre blog vers le sien est très mal vu !
- Google compare les dates et votre site sera blacklisté.
- Du coup quand un article d'un blog vous plait, lisez-le puis réécrivez-le en plus court
- n'oubliez pas d'écrire un contenu optimisé, c'est-à-dire avec des mots clés pertinent pour vous.
- enfin, réutilisez ce contenu réécrit sur plusieurs supports : blog de votre site, Facebook et newsletter.

Les grandes écoles

: CFPJ, Celsa, ESJ.

Droits d'auteur, photos

- Achetez les photos, son, musique ou vidéo, ou des template (modèles) photoshop ou vidéo
 avec leurs droits d'utilisation sur tout support. A partir de 10€, sur adobe stock ou .pexels.com
 - pour la rédaction : shutterstock www.shutterstock.com
Infographies, illustrations

Le visuel est roi. Rien de tel qu'un visuel très clair (flat design) pour intéresser et faire partager.
Transformez vos tableurs excel ou vos articles écrits en graphiques remplis de pictos et illustrations.
Les sites : Easely .easel.ly (4 € /mois) et Infogram .infogram.com
Le journaliste doit penser MULTIMEDIA /

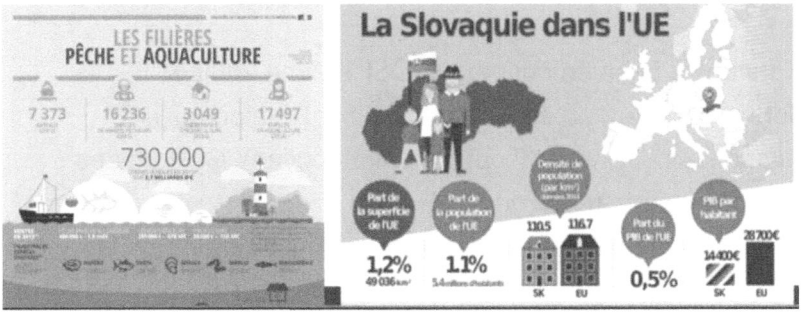

OSINT / open source intelligence

Investigation en sources ouvertes (sur internet)
Pour une enquête internationale complexe (ex: panama papers ou fake news en ukraine)
Des dizaines d'internautes se regroupent pour partager leurs recherches et leurs résultats

D'informations retrouvées sur internet, et qui sont publique, sans utiliser le piratage
Comment ? En recherchant des images de caméras, des annuaires, des images satellites, et essentiellement des **réseaux sociaux**.

L'analyse d'images photo ou vidéo permettent aussi d'identifier des textes qui sont des indices très utile.
Exemple : le fonctionnement de la milice wagner est très opaque, mais on peut recroiser des milliers de documents pour identifier des noms et des adresses, de mercenaires et de leur réseau international et notamment en europe.

Exemple : uniquement par les OSINT, une équipe internationale a pu en 6 mois identifier l'équipe qui a empoisonné navalny (l'opposnant à poutine). Ce sont des agents secrets russe du FSB.
Ex: c'st ainsi qu'on a pu identifier des preuves de l'esclavage des Ouigours en chine

Exercice d'écriture

Atelier d'écriture : écrire deux articles
1er article, sur 2 pages A4 : la réalité virtuelle :
écrivez un résumé de l'innovation dans ce domaine
2ᵉ article sur 2 pages A4 : l'intelligence artificielle dans le marketing digital

écrivez également un résumé de l'innovation dans ce domaine
Dans les deux cas :
- Cherchez plusieurs articles et sélectionnez en trois qui sont bien écrit qui seront vos sources.
- Ajoutez les liens en bas de l'article.
- mettez en forme votre information, faites des intertitres (titres pour chaque paragraphe),
- écrivez des phrases courtes et précises. Ajoutez des photos ! Et des graphiques.
- pensez à des questions qui intéressent vos futurs lecteurs néophytes.
- Vulgarisez, expliquez simplement.

Atelier d'écriture : reportage

- Créez des groupes de 4. Choisissez un sujet d'actualité,
- réalisez un REPORTAGE (la forme d'info la plus complète) comprenant des INTERVIEWS,

- attention, pour un reportage il faut creuser tous les aspects ! :
historique, budget, intervenants enjeu,
à l'étranger, concurrents, clients, normes, niches ... etc ...

1/. préparez votre reportage.
- Trouvez 3 articles (conservez les liens) et 2 personnes à interviewer (profils),
- Écrivez **5 questions** pertinentes. notez ça dans un doc > présentation orale.

2/. sur le terrain,
- contactez les gens, prenez rendez-vous (en réel si possible, sinon par téléphone).
- prenez **des notes** (papier), enregistrez le son, prenez des photos

3/. Rédaction
- mettez en forme votre information, **faites des chapitres** (**hiérarchie**, graphiques, interviews),
- écrivez des phrases courtes et précises. / pensez a ce qui intéresse vos lecteurs. / **ajoutez des photos** !

4/. présentation.
> présentation orale (20 mn + questions). sur 5 à 10 diapos.

Journalisme et influenceurs _____ -/ 39

Créer du contenu de qualité
Sur votre blog

Brand content

Il s'agit de créer et de répertorier ce qui fait **l'identité et les valeurs de la marque.**
- C'est un peu l'équivalent de la charte graphique pour les textes, images et symboles, qu'il va falloir décliner partout. Cela contient un slogan, des mots clés, qu'il faudra respecter.
- Observez vos concurrents pour identifier les mots ou styles qu'il faudra ou ne faudra pas prendre.
- le ton, le style, dépendra beaucoup de votre segment, de votre cible (jeune fille pour des bijoux,
retraitée pour des biscottes …)
- les opérations de communication découlent de ce brand content, qui sera votre bible.

Le cercle vertueux du Content Manager

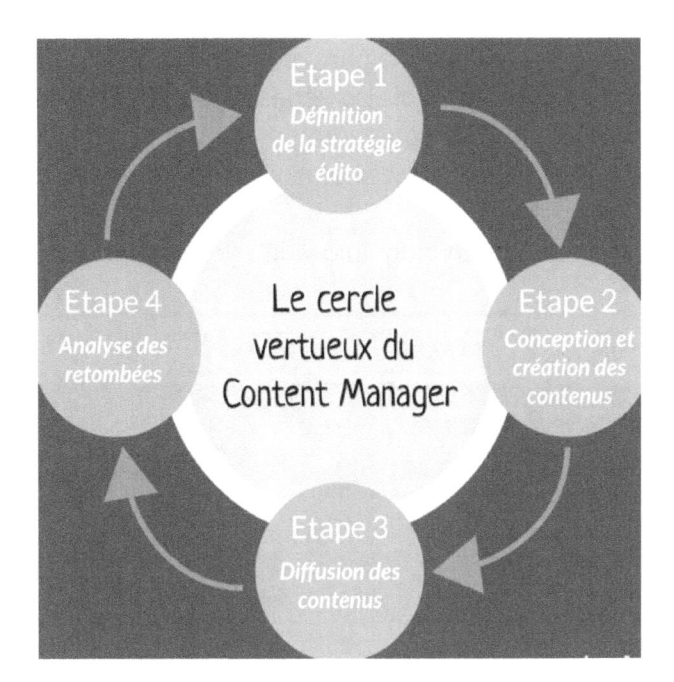

- Etape 1 : Définition de la stratégie édito
- Etape 2 : Conception et création des contenus
- Etape 3 : Diffusion des contenus
- Etape 4 : Analyse des retombées

Gérer un blog

- Il s'agit de créer une relation durable entre les clients et vous, **en offrant du contenu utile** pour eux.
- C'est le meilleur moyen d'apparaître sur google gratuitement (référencement naturel avec des mots clés)
- votre blog est un média à part entière,
- Idées de rubriques : **conseils tuto vidéo, coulisses, ateliers, quizz** jeux, vos valeurs (dev. Durable, circuit court recyclage), innovation du secteur, actu générale du secteur
- Il faut s'astreindre à publier **un article par semaine**. Ou bien sous-traitez.

- Astuce : commencez par créer des rubriques. Pensez à des sujets déclinable en séries. Créez du contenu pérenne (et pas éphémère)
- On peut y incorporer une mini série vidéo sur youtube et facebook
- Ca peut être un blog tuto vidéo (leroymerlin) .

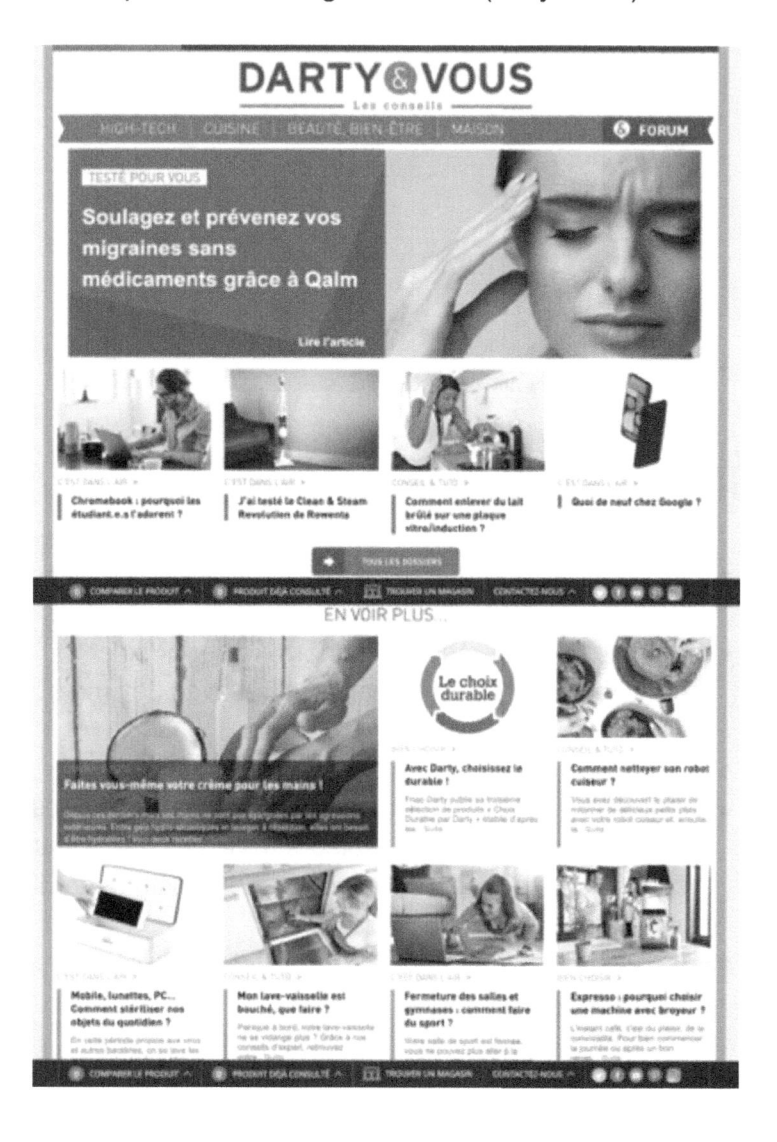

Contenu généré par les clients et à republier !

LES AVIS ET TEMOIGNAGES : 75% des clients disent avoir été influencé par les avis d'autres clients.
Commencez par en demander à vos amis. Réutilisez les avis dans votre communication.

LES PRODUITS SELON VOS GOUTS : 80% des produits que vous voyez sont fait pour vous.
Basés sur votre historique d'achats et sur les achats des clients au gout similaire.
C'est l'invention géniale d'Amazon. (généré par le client sans qu'il le sache, si vous préférez)

JEU / PHOTOS : incrustez sur votre site le flux d'instagram. Les photos postés par les clients avec votre « @ ». Mais attention ca peut faire partir des clients de votre site vers insta. Il vaut mieux récupérer les photos d'un concours photo sur insta et les republier avec les noms sur le site (sans lien vers insta).

LE FORUM AUX QUESTIONS (FAQ) : permettre aux clients de partager leur témoignage entraide questions fréquentes
FAIRE PARTAGER : demandez à partager des contenus sous forme de jeu

>> SEO : du nouveau contenu régulièrement sur votre site est excellent

BtoB /> qu'est ce que l'Inbound

(créer du contenu d'expert, appâter puis attendre)
- l'idée est d'inciter les prospects à laisser leurs coordonnées en échange d'informations ou services offerts qui les intéresse, et ainsi obtenir des contacts qualifiés.

- Autrement dit, au lieu d'acheter des pubs, **ce sont eux qui viennent à vous.**
-
- le but n'est pas de donner l'intégralité des infos aux prospects, mais de créer un besoin, de vous rendre indispensable et **donner envie de vous rencontrer.**

- Ainsi vous apparaissez au bon moment sur son parcours de recherche, avec vos mots clés.

Ce qu'on peut OFFRIR : un résumé, un sommaire de cours,
- **Services à offrir :** 1er rdv offert, **audit offert**, étude (plan 3D), 1er essai du produit

- contenu : **livre blanc** (pdf à télécharger), comparatif, guide technique

Comment faire : par un **formulaire ,** qui permet d'obtenir des coordonnées, et de poser une question

Contenu de qualité, :
Textes, visuels et interactions

- le plus efficace est sans doute de poser une question

- **objectif** : **susciter les interactions !** :
j'aime, commentaires, partages
- répondez aux commentaires quand il y en a plus de 100.
    - 50% des posts d'une page ne sont vu par personne
    -

Les questions à poser :
- J'aime tel sport, ou tel artiste, et vous ?
- Comment utilisez-vous notre produit ? Envoyez une photo (> concours photo)
- Qu'est ce qui vous inspire le plus ?
- Quel est votre acteur ou plat favori ? Postez une photo …
- Vous êtes plutôt star treck ou star wars ?, Vous êtes plutôt thé ou café ? …
- Le saviez-vous ... ? (une info amusante)

Idées de contenu en séries

A décliner chaque semaine :

- Les tuto, les top 10, comparatifs,
- Astuces conseils, exemple appliqué sur le terrain,
- collab' avec des artistes,
- Contenu de la communauté, questions fréquentes,
- les témoignages clients
- tendances de consommation
- Jeux-concours, quizz concours photo
- partenariat avec des marques ou influenceurs

Contenu Original, non copié d'ailleurs ?

- **Ne copiez pas le texte d'un autre site web** ! Google saura que vous avez copié, car votre date est plus récente, et vous serez rejeté du réf. Naturel.
- Si vous voulez reprendre un contenu, lisez-le, puis réécrivez-le en résumé.
- Préparez 3 textes qui pourront être **réutilisés** : votre univers (entreprise, origine),
  vos valeurs (dév. Durable, recyclage), et vos produits (innovation, gamme, témoignages).

Contenu Optimisé pour google ?

- Il faut optimiser son contenu pour le réf. Naturel google, en répétant vos mots clés.
- Il faut d'abord **établir une liste de 5 mots clés longs.** ex: fabricant de bijoux à Paris.
- **Titres :** Placez des mots clés dans les titres, qui pour google sont des balises H1
- Pensez aussi au méta titre et méta description pour google
- Créez des liens (boutons) de vos articles vers vos produits

> https://fr.wikipedia.org › wiki › Référencement ▼
> **Référencement - Wikipédia**
> **Le référencement** est l'action de **référencer**, c'est-à-dire mentionner quelque chose ou y faire référence. Ce terme est utilisé dans deux contextes bien ...
> Référencement sur Internet · Référencement ou SEO · Référencement sur les...

Contenu et message adapté à la cible ?

- Vous avez une cible (ou persona). Utilisez les arguments qui leur correspond.
- On ne parle pas de al même manière à des jeunes de 20 ans (achat plutôt spontané et prtits prix)
  et à des retraités (achats plutôt réfléchis).
-

Donnez des informations d'expert
- Considérez vos réseaux comme des médias dont vous êtes le journaliste. DONNEZ des infos utiles.
- Ne vous contentez pas de parler de vos produits, parlez de l'actualité de votre secteur en général.
- « Dites la vérité, mais rendez-la fascinante ! » David Ogilvy. / Adressez-vous a eux, dites « vous »

Parcours et maillage de liens ?
- pour du e.commerce, créez un maillage de liens, des articles, vers les produits à vendre,
- Pour du BtoB, créer un maillage de liens entre les articles et un parcours
  qui mène vers la page contact avec formulaire (en entonnoir)

- utilisez des boutons (CTA) que vous ajoutez à la fin de chaque article

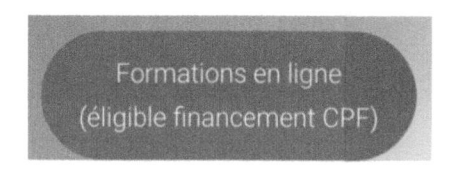

> Formations en ligne
> (éligible financement CPF)

Liens internes, silos et pages « pilier »

- La **théorie des silos ou des piliers** consiste à relier les pages par des liens internes, en plus du menu.
- On appelle ça un **maillage** (interne, ou bien entre vos sites).
> influenceurs et partenaires.
- Pour un blog, rajoutez des liens des pages d'articles vers leur page catégorie ou « pilier ».
- La page pilier est ainsi mise en valeur par les autres, car son thème est stratégique dans le parcours, pour mener à la page contact. **Exemple** : midas a un blog dont les articles mènent à 3 pages importantes : réparer sa voiture, bien choisir ses pneus, et diagnostic des mines.

Ca sera elle qui apparaitra avec vos mots clés en 1e page de google.

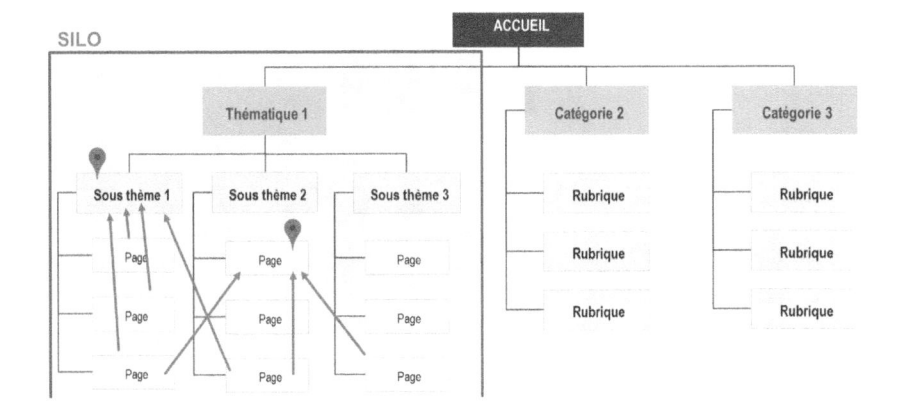

Recyclez et optimisez votre contenu existant

- Si vous avez déjà plusieurs articles non optimisés, n'hésitez pas à les modifier.
- Ajoutez des mots clés dans la balise H1, **des questions,
  ou des listes de points** (numérotées)
- Commencez pas les plus lus, puis faites réindexer, avec search console.
-
- Diffusez votre contenu plusieurs fois et sur plusieurs canaux.
- Compresser : le plus simple est de supprimer ce qui est redondant ou trop long
- Compléter : mettez à jour vos articles en rajoutant de l'actualité
- Combiner : avec deux articles aux sujets proches, mixez les deux contenus pour un créer un 3e.
- Pensez au référencement des images (balise alt)

TOPITO

Top 10 des villes les plus gourmandes du sud de la France

Top 10 des plus belles bibliothèques d'Europe

Top 10 des choses que les hôtesses de l'air aimeraient que vous arrêtiez de faire pendant les vols

Top 10 des plus vieilles franchises de fast food du monde, le burger qui sent le rance

Top 10 des trucs bizarres retrouvés dans la glace

Story telling et empathie

- Mettez-vous à la place de votre client avec empathie,

Journalisme et influenceurs

- plutôt que de lui expliquer COMMENT utiliser le produit, expliquez POURQUOI il va l'utiliser,
- L'origine du story telling : contes de fées, mythologie, littérature du 19e (victor hugo, emile zola)
-
- La structure narrative du story telling en 3 points : personnage, problème (conflit), solution (émotion).
- L'émotion est plus forte que la raison, alors agissez avec empathie pour votre persona (votre cible)

Composer un article

- Titres : il doit contenir des mots clés, résumer l'article et idéalement, être une question.
- Les intertitres, pour chaque paragraphe, servent à relancer la lecture (balise h2 ou h3)
-
- mettez des listes de points, ca plait beaucoup. Le résultat doit être aéré.
- Texte : Ecrivez des petits paragraphes, et **des phrases courtes** ! (Sinon les gens décrochent),
- Adressez-vous a eux en disant « vous » : « vous pourrez » « vous gèrerez »
-
- Que ca soit clair court et simple à comprendre, parlez de ce qui intéresse vos lecteurs
- Donnez des exemples (des études de cas, ex: parlez d'une entreprise connue)

Organisez votre production de contenu pour un blog

- Imposez-vous un **planning de rédaction**, entre un article par semaine et un par mois (ex: chaque lundi).
- Vous pouvez sous-traiter, et trouver un rédacteur sur upwork ou freelancer ou fivrr.
- Quand vous créez et publiez du contenu pour votre blog, pensez à le poster aussi sur vos réseaux.

Trouvez des idées de sujets

- prévoyez **des sujets qui se déclinent** en séries, et prévoyez des catégories récurrentes. Ayez la même

ambition qu'un magazine en ligne : Intéressez-vous d'abord aux sujets qui intéressent votre cible
- Demandez à vos collègues, et à vos clients, des idées de sujets, et de questions fréquentes.
- Les tendances : suivez les sujets qui plaisent sur ces plateformes : les réseaux (Fb insta, concurrents), et Buzzsumo .buzzsumo.com .
-

Autres contenus : graphique et vidéo

- Les images et vidéos servent aussi au réf. Naturel, par les balises ALT.
- n'hésitez pas à raconter la même chose en texte et en vidéo, et sur plusieurs réseaux.
-
- **Graphiques : Pensez aux infographies** (une image issu d'un texte vaut mieux que le texte seul)

et aux pictos (un par mot clé ou argument, ca sera plus percutant visuellement, voir l'image).
- Créez une banque d'images pour illustrer vos articles. Des photos de vos produits ou services, et des photos d'ambiance et de concept, au sens large.

- Respectez votre charte graphique : 2 couleurs 2 polices, le logo et les formes récurrentes issu du logo
(ex: la virgule de nike)
- Essayez de créer des visuels que les gens auront envie de partager ou commenter.

Exercices de rédaction

Ecrivez trois articles

Choisissez un concurrent qui a un blog. Choisissez 3 articles.
Lisez-les puis réécrivez-les en plus court.
Ajoutez une image et un lien vers l'article d'origine.
> sur diapos.

Créez un planning de publication pour votre blog / complétez ce tableau (choisissez un seul thème par colonne)

	Mois 1		Mois 2	
	1ᵉ semaine	3ᵉ sem.	1ᵉ sem.	3ᵉ sem.
• top 10, comparatifs, • tuto conseils d'utilisation • collab' avec des artistes, • Contenu de la communauté, • témoignages clients • tendances conso • Jeux quizz, concours photo • partenariat influenceurs				

Journalisme et influenceurs

Vendre son savoir faire

Que vous soyez coach sportif, consultant, cuisinier, architecte bricoleur jardinier artiste ...
Vous pouvez créer des formations pour des gens qui paieront pour y accéder.

Ecrire et structurer des cours

Ecrire des cours demande de respecter une démarche pédagogique, une façon de faire, pour que l'enseignement soit efficace, que les étudiants ou apprenants (adultes) s'y intéressent, et retiennent :

- Trouver un titre (provisoire) et écrire un sommaire, avec 3 ou 4 chapitres.
- Chaque chapitre est composé de paragraphes, abordant un sujet précis,
- Compléter chaque paragraphe par des infos issues de blogs ou chaines vidéo.

- Chaque chapitre se termine par **un quizz,** (questions fermées ABC) et un exercice
- Créez un ou deux **exercices** par chapitre, pour pratiquer, ce qui aide à comprendre le sujet.

- Finir par des **études de cas,** en fin de cours, des exemples de sociétés
connues qui ont du succès, par exemple amazon airbnb uber booking …

- Préparez un syllabus pour présenter votre cours aux écoles, avec : titre, objectif, évaluation,
sources supplémentaires, métier visé et sommaire.
- Faites des exercices par groupes de 3, et faites faire présenter sur diapos et à l'oral

- Corrigez les exercices en cours, commentez-les, pour que ca soit encore plus clair.
- Le cours doit être composé de : 50 % théorie, et 50% pratique (les exercices, individuels ou par groupe)

Créez publiez et vendez un e.Book

- Vous pouvez créer un ebook avec indesign
- Le format est : .epub (s'adapte à l'écran), .pdf (fixe), ou moins utilisé .docx (word)

- Vous pouvez le vendre en version papier sur amazon kindle
- Et en version ebook (pour liseuse) sur amazon, google play et apple store et kobo (rakuten)
- Créez une couverture (une image) avec photoshop

- Pour créer un livre de qualité, il faut : un bon sommaire détaillé, un titre un sous titre et une description
- Sur amazon, vous pouvez faire de la pub au cout par clic
- Vous gagnerez 50% du prix de vente, hors impression.

Tous les titres **Broché** Ebook Kindle

Design graphique du 20e siècle: Le design a
graphistes et publicitaires, les tendances a s
par Nicolas de Beaulieu
Broché
36,92 €

Autres formats: Format Kindle

Webdesign et webmarketing: Atteignez le r
e.commerce ou start-up 23 août 2020
par Nicolas de Beaulieu
Broché
19,94 €

Autres formats: Format Kindle

Stratégie, marketing mix, innovation et des
cours complets, maîtrisez votre projet et me
par Nicolas de Beaulieu
Broché
19,91 €

Autres formats: Format Kindle

Enregistrer et vendre des cours en ligne

- Il existe plusieurs types de plateformes de cours en ligne.
  Ceux où l'on trouve toute sorte de cours (sans sélection de la

part du site) : udemy.com tuto.com dosmetika et skillshare.com

- Et ceux qui font une sélection drastique des cours et un cursus diplômant : studi. Ionisx coursera.
- Vous serez payé à la minute visionnée. Vous pouvez faire de promos
- Vous pouvez aussi les vendre sur votre propre site, avec wordpress et woocommerce

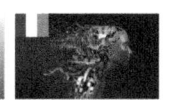

Webdesign UX, création d'un blog magazine avec Wordpress

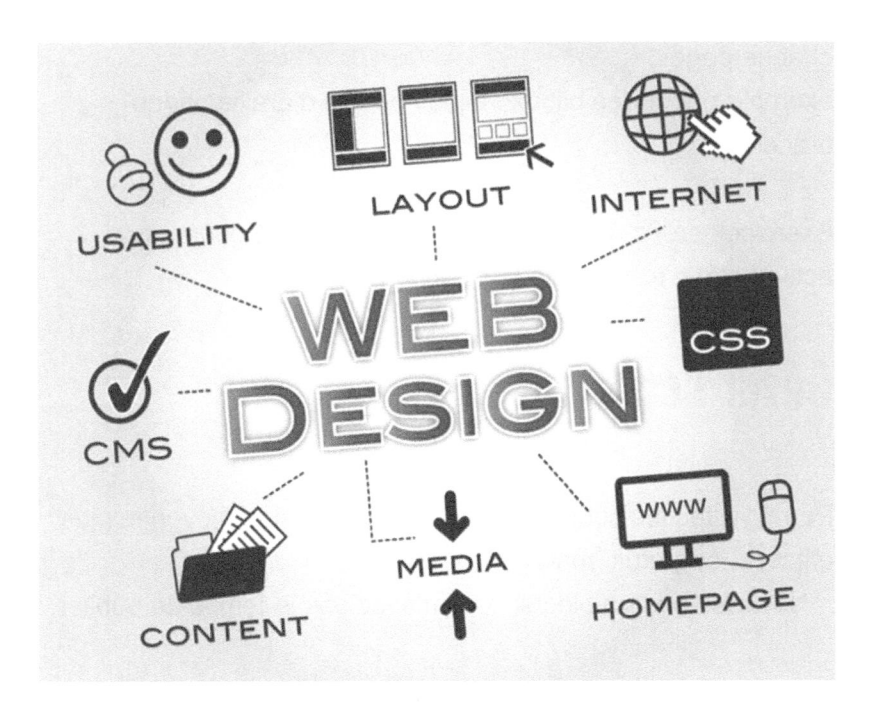

Contenu optimisé, liste de mots clés

- Pour schématiser, il y a deux parties à votre site web : les pages de contenu (actualité concept …), et les pages de produits (et catégories).

- Les deux doivent avoir du contenu **optimisé**

- pour cela il faut créer une liste de 10 mots clés à décliner sur chaque page.
exemple : pour des bijoux : bijoux boucle d'oreille bague bracelet ...

Exercice : créez une liste de 10 mots clés utile pour votre activité. trouvez ceux de vos concurrents.

Gérer son blog

Parmi toutes les sources de trafic, le blog est le moyen le plus efficace, et gratuit, mais contraignant.
 - Ne créez pas un blog si vous n'avez pas le temps de publier.

- 50% des blogueurs publient au moins 1 article par semaine
- **Un article se compose de** : 5 à 10 lignes, une photo, un lien vers la
bonne page du e.shop, et des mots clés de votre liste habituelle.

- Ne copiez pas d'un autre blog !! réécrivez en plus court. un article fait en moyenne 1000 mots.
- Confiez des accès à des collaborateurs ou rédacteurs.
- Ce contenu peut servir aussi pour la newsletter et les réseaux sociaux.

- **Organisez-vous** en fonction de votre calendrier commercial. Imposez-vous une journée par semaine pour écrire (de même qu'une journée par semaine pour prospecter)
- Vous pouvez ajouter des annonces (Adsense) mais vous perdez les visiteurs

Création de site web Wordpress

Exercice : réalisez un 1er site simple
- Créez votre site web avec Wordpress.com.
- ajoutez titre description logo
- créez 5 pages : home, concept, contact, tarifs, services.
(onglet Sites / page) et inventez des contenus.
- une page est une composition de blocs

- rajoutez au menu ces pages ainsi que le lien "blog"
(onglet Design / personnalisé /menu)
- en pied de page ajoutez vos réseaux sociaux
- passez en "page d'accueil statique" (plutôt que blog)
 votre menu ressemblera à ceci :
/ Home / Concept / Services / Tarifs / Blog / Contact /
puis "validez" votre site et envoyez le lien sur le devoir Teams.

les articles ne sont pas des pages. ils ont une date et un auteur.

Plugins indispensables : gutenberg, Wordfense,
All in one SEO, WP auto update, verysimple SSL,
contact form7, captcha, WPcache, sitemap, google site kit.
 Thème conseillé (payant) : hestia.

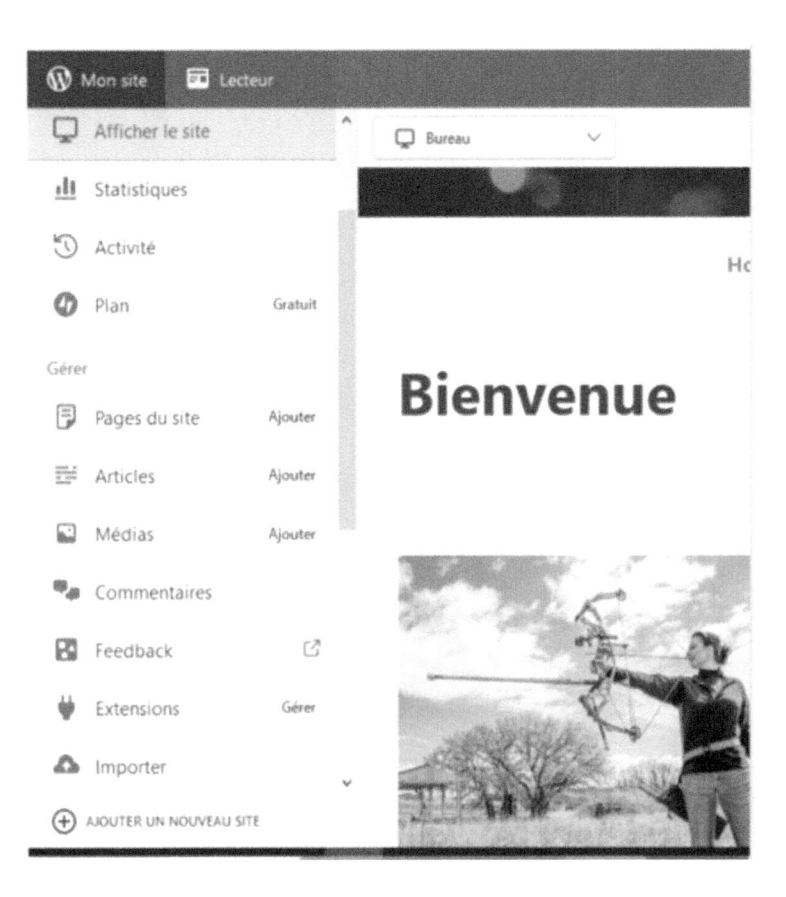

🖥 Afficher le site	🖥 Bureau	
📊 Statistiques		
🕒 Activité		
🔌 Plan	Gratuit	

Gérer

📄 Pages du site	Ajouter	
📝 Articles	Ajouter	
🖼 Médias	Ajouter	
💬 Commentaires		
📢 Feedback	↗	
🔌 Extensions	Gérer	
☁ Importer		
➕ AJOUTER UN NOUVEAU SITE		

Bienvenue

Journalisme et influenceurs _____ -/ 68

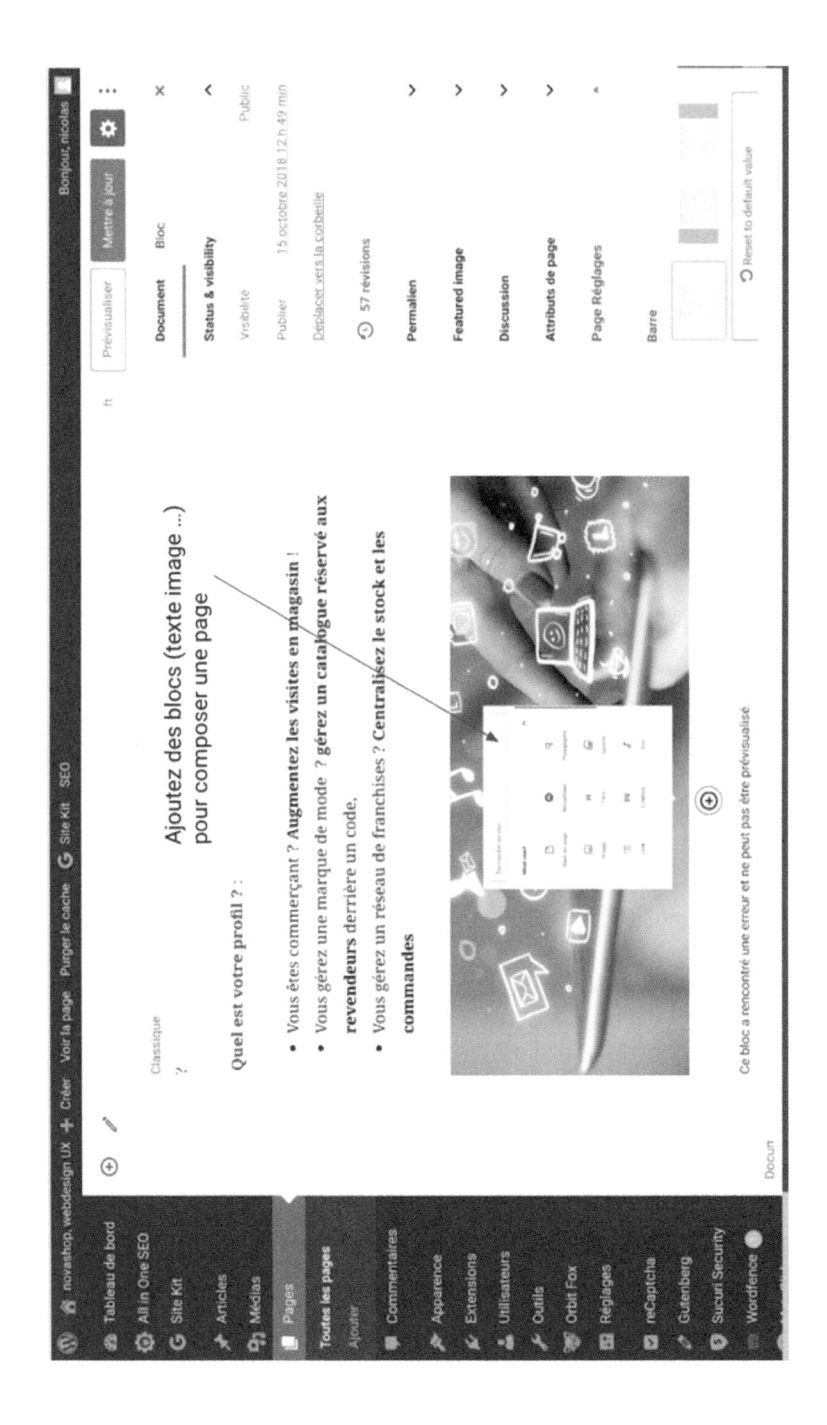

Journalisme et influenceurs

Journalisme et influenceurs

Wordpress et ergonomie UX

Voici les principaux éléments indispensables :

- un menu qui reste ancré en haut
- des espaces pub pour google adsense
- et en bas, d'autres articles proposés
- réseaux sociaux : partage et suivi

voir www.passionhistoire.com

UX/UI, parcours utilisateur /sites vitrine et blog

Le centre de votre réflexion doit être le parcours UTILISATEUR
UX / UI = expérience utilisateur et interface utilisateur.
voici les éléments indispensables pour la navigation :

Webdesign : responsive bien sur (50% des visites se font avec un mobile) avec un menu qui reste en haut (menu burger)

- menu : ancré en haut (qui reste en haut)
- footer : liens sociaux, contact, concept, presse, emploi, actualité …
- **one page** / La home : présente des extraits des rubriques importantes du site style "**one page**" avec des "boutons d'action".
- Page article : doit présenter d'autres articles sur le côté et en bas (pour favoriser la navigation).

En moyenne les visiteurs ne cliquent que 3 fois sur un site.

Objectif : créer un parcours utilisateur idéal avec un objectif de conversion (paiement ou formulaire de contact).

1. MOTEUR DE RECHERCHE
SEO + SEA = Référencement

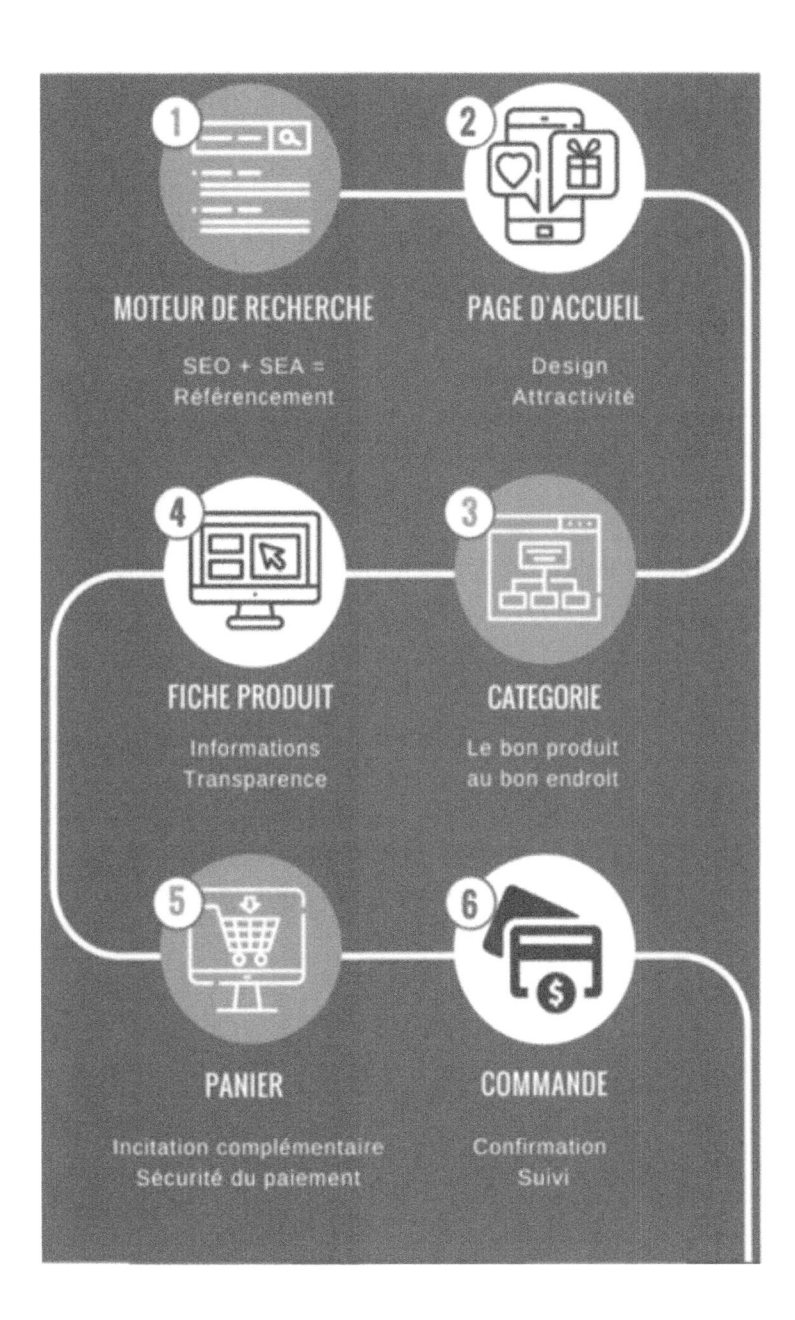

2. PAGE D'ACCUEIL
Design
Attractivité

3. CATEGORIE
Le bon produit au bon endroit

4. FICHE PRODUIT
Informations
Transparence

5. PANIER
Incitation complémentaire
Sécurité du paiement

6. COMMANDE
Confirmation
Suivi

Point légal, obligations

En e.commerce il existe des obligations légales :
- mentions légales, coordonnées complètes (adresse, N° siret et RC, nom du dirigeant)

- RGPD

vos clients doivent pouvoir consulter les données sur eux (a conservez que deux ans

- CGV

conditions générales de ventes, avec détails et option de rétractation (les CGV vous protègent des emmerdeurs)

et autres

- 14 jours satisfait ou remboursé, (ca mets en confiance et ca favorise les ventes, des sites proposent 30 jours)
- garantie deux ans (sur les pièces détachées (parfois on garde un produit en stock pour le démonter)
- pouvoir se désinscrire facilement des newsletters (opt-in)
- afficher les frais de livraison sur la page panier

- **mentions légales** (siret, adresse complète, tél., hébergeur)

Publicité, abonnements, business model d'un blog

Face à une audience qui se renseigne uniquement par les réseaux sociaux, et par les journaux gratuits (20 minutes), comment ne pas perdre d'argent quand on dirige un journal papier ? Bonne question ...

Il existe pourtant deux sources de revenus,Il existe pourtant deux sources de revenus les annonceurs et les abonnés qu'on peut tenter de développer , on voit ca sur des titres comme les Échos etc. c'est difficile de vivre de son blog influenceurs mais c'est possible à moins d'être très spécialisé et précis (ex : un blog réservé aux kinés ou aux architectes …)

Côté stratégie / annonceurs :

- Miser sur la qualité et sur la spécialité (plutôt que généraliste).
Vérifier les sources, consacrer du temps
à la qualité, et le faire savoir. Creuser sa niche !
- sous-traiter la rédaction et s'abonner à une agence de presse (voir diapo AFP), voir même à l'étranger
- Bien connaître et surveiller ses concurrents (sur Fb notamment)
- Trouver des annonceurs (par des commerciaux), leur proposer une gamme de prix et des options,

sur les supports (site web, res. sociaux appli) et sur les durées (une semaine, un mois …).
- Le co-branding ou partenariat permet de s'approcher d'une entreprise qui a la même clientèle que vous (ex: JL. David et Celio), et d'échanger une bannière, ses listes d'e.mails, ou un jeu concours en commun.
- **Evénements** : invitations expos, soirées DJ …
- **Fidélisation** : chouchoutez vos lecteurs ! offrez une carte club, des cadeaux de vos partenaires, …

Coté outils / lecteurs :

- Après la vue de 5 articles (gratuits) par mois, les articles peuvent ne montrer que 10 lignes, puis un bouton "pour lire la suite, abonnez-vous pour 3 €/mois". Créer une gamme de prix pour les abonnements. voir Lemonde.
- Ajoutez google Adsense, Google agit comme une régie pub, un intermédiaire pour les annonceurs et votre site, exemple www.passionhistoire.com
- Ajouter un flux Outbrain, agence qui ajoute des articles. Outbrain est un peu le Adsense de votre blog.
- proposez aux abonnés du "club" des hors séries offerts, des invitations, événements, objets offerts …
- e.commerce : ventes flash éphémères, ou permanent (gamme de produits …)
- proposer du contenu payant : livre, formation, un accès...

Etude de cas

Faites des groupes de 3 ou 4 étudiants. Choisissez un blog, de sport, mode, culture, santé, ou autre.
Analysez : L'hébergement, le système utilisé, votre avis sur ce système, le contenu, la qualité des articles, l'ergonomie UX, les outils de rentabilité mis en place (rentabilité de l'annonceur, et du lecteur).
Etablissez une liste de recommandations pour l'améliorer.

Cas concret

Créez des groupes de 3 ou 4 étudiants. Créez un site blog magazine avec wordpress ou wix, au choix.
Allez sur un de ces deux sites, choisissez l'abonnement freemium gratuit,
Choisissez un sujet (mode sport déco musique …)
Créez 5 rubriques pour décliner ce sujet. Ajoutez-les au menu.
Ecrivez 5 articles pour le blog, un dans chaque catégorie.
Proposez des idées de rentabilité pour ce blog.
Préparez une présentation orale de 15 mn pour le prochain cours, avec 5 diapos pour chaque exercice.

Webmarketing

Réseaux sociaux et référencement naturel

Réseaux sociaux / Facebook

- Les fonctionnalités : Le profil (d'une personne). CV photos posts liens …
- Les pages (un ou plusieurs administrateur) : doit contenir titre, description avec # un lien et photos.
- Un post doit contenir **un texte court (question), des hashtag, un lien, et une image.**
- objectif : **susciter les interactions ! j'aime commentaires partages** en posant une question
- On peut les programmer. le mieux est de publier le matin, et pas le lundi. consultez les statistiques
- événements : (profil page ou groupe) ajouter titre description avec # et 500 invitations par personne
- photos : créez des albums de vos produits, photos d'ambiances, mise en situation,
- vidéo : poster des vidéo courte et éphémères. penser aux Live des événements

- ajoutez des onglets : services, produits, événements, (offres d'emploi, offres promos)
- groupe : peut être fermé ou ouvert, créez titre description avec #. règles d'adhésions et modérations possible.
- publier des story (verticales) qui durent 24h. avec emoticones musique liens …
- reliez insta et la page Fb, qui gèrera les pubs et messages

Parcours idéal : **UX: hashtag > image > lien > visite > commande**

Bonne pratique : pas plus de 50 % de posts sur des prix et produits. Soignez les images et privilégiez la vidéo, même spontanément.

Fb / backoffice de la page

- ajoutez des collaborateurs
- reliez-la à instagram pour gérer les pubs et messages
- programmez les posts
- répondez aux commentaires
- surveillez les statistiques !

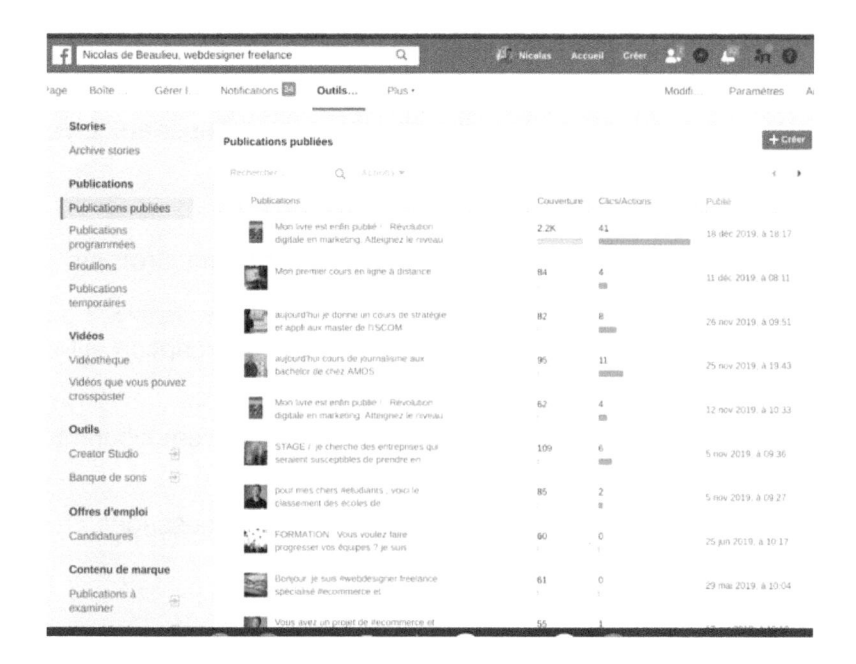

Autres réseaux sociaux

- 75% des français sont sur Fb, 80% en europe, - 5% chez les 15-25 ans.
- classement :
1-2. Facebook et Youtube, 45M, 75%. (2M annonceurs).
3. Instagram 25M, 60%. (400 M story /jour).
4-5. Whatsapp et Messenger, 17M, 50%.
6-7. Twitter et snapchat 15M, 40%.
8-9-10. Linkedin, Skype et pinterest 13M, 30%.

- autres stats : CA Fb : 15 Md$. CA google : 110 Md$.
top sites de recherche : google (3,3Md /j) puis youtube.
Temps passé sur mobile : 45 mn/jour.
1h25 pour les 15-35 ans.

Exercice : créez une page sur facebook (par groupe), ajoutez une description avec des #, un diaporama en haut, invitez vos contacts, créez un album photo,
ajoutez ceux de votre groupe comme administrateur (dans paramètres /role de la page),
 reliez la page et le fil instagram (pour gérer les pubs et messages), **programmez chacun un post** avec # photo et lien, puis envoyez moi le lien vers la page.

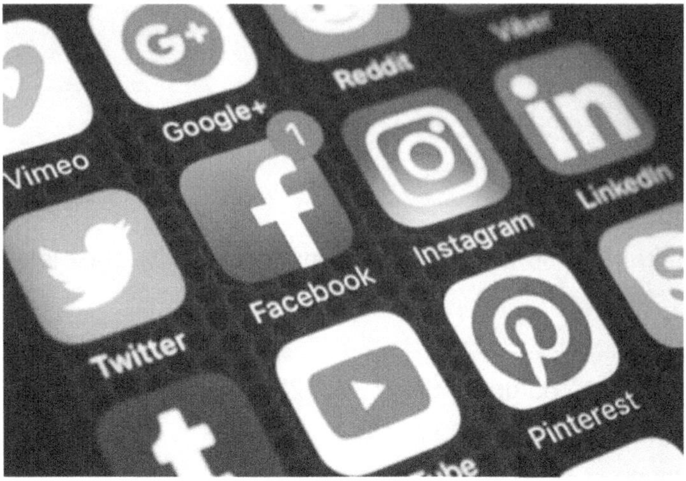
Vimeo
Google+
Reddit
Facebook
Instagram
LinkedIn
Twitter
Pinterest

Programmez et surveillez

Un réseau de franchises, qui gère 500 magasins, pages fb insta et twitter, donc 1500 réseaux sociaux, peut utiliser un outil permettant de publier tout en une fois.
- vous pouvez **programmer** les posts plusieurs fois
- et **surveiller** par mots clés, vous et les concurrents
- Hootsuite, agora pulse, buffer . les gratuit : page Fb et tweet deck .

Voici l'écran de Hootsuite :

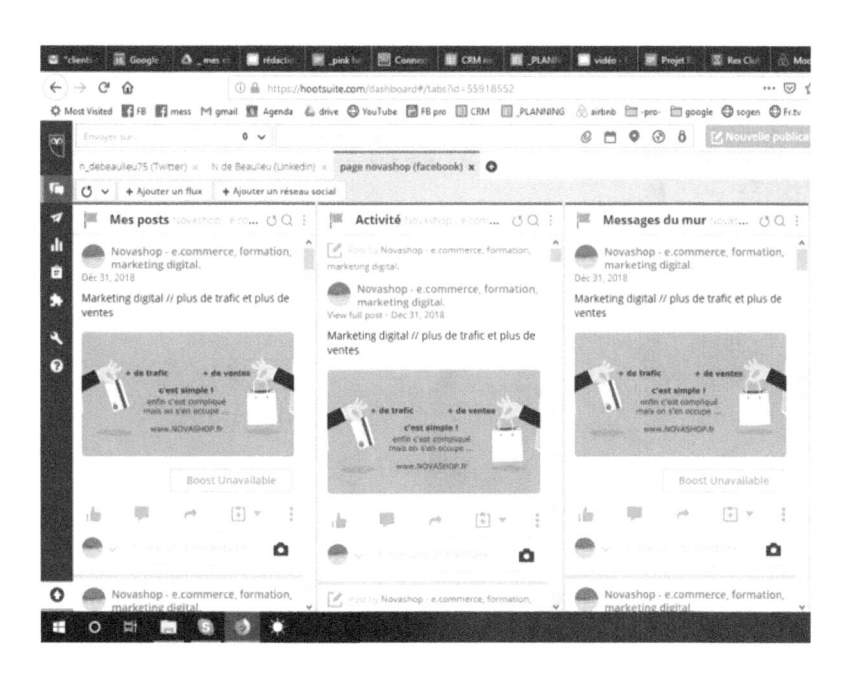

Réseaux sociaux / jeux-concours

- ca permet de créer une relation amicale de proximité et durable avec sa clientèle
- objectif : **créer un jeu FACILE**, où les joueurs laissent leur e.mail, et invitent leurs amis
- <u>social shaker</u> est un bon outil, plugin pour les réseaux sociaux, 10 jeux différents
- les plus courant sont le quizz et le concours photo. faites gagner une smartbox par tirage au sort.
pensez aussi aux sondages.
- raccordez le bon jeu à la bonne page (car vous pouvez en avoir plusieurs)
- objectif: récupérez les e.mails > newsletter

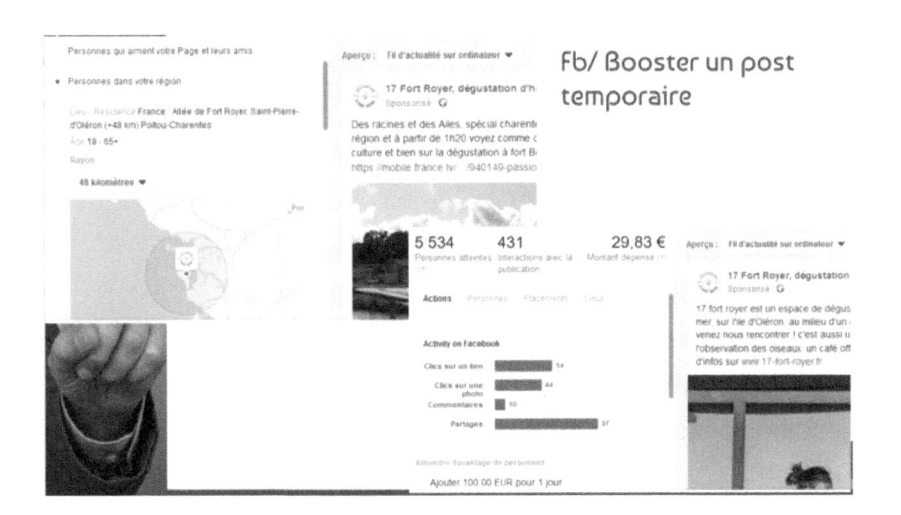

Fb/ Booster un post temporaire

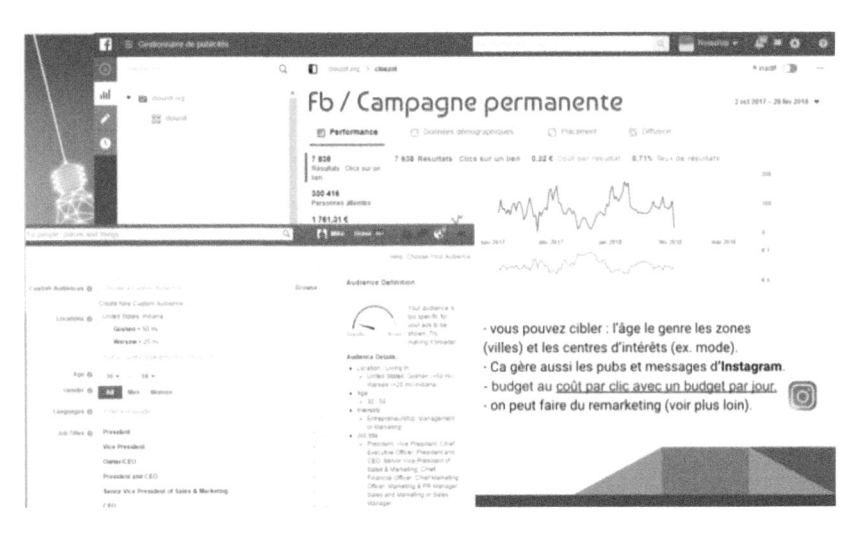

Fb / Campagne permanente

- vous pouvez cibler : l'âge le genre les zones (villes) et les centres d'intérêts (ex. mode).
- Ça gère aussi les pubs et messages d'**Instagram**.
- budget au coût par clic avec un budget par jour.
- on peut faire du remarketing (voir plus loin).

La page de résultat de google

Il y a 4 zones :
1. google ads (6 places, 3 en haut, 3 en bas), payant
2. google shopping, (géré par google ads), payant
3. google maps (géré par google my business), gratuit
4. référencement naturel (10 places, géré par search console) gratuit

Journalisme et influenceurs _____ -/ 89

Le référencement naturel, Google

Vous pouvez apparaître sur Google gratuitement, mais Google classe la pertinence de votre site :

> y a-t-il des méta-données ? (> search console)
> y a-t-il du contenu copié sur votre site ?
> Quelles sont les balises <h1> (le titre), <h2> ... ?
> y a-t-il les 3 fichiers pour google ? :
>   robot.txt, sitemap.xml et .htaccess

la vitesse de chargement (images, serveur).
est-il responsive ? entièrement crypté (certif. SSL)?
le rapport texte / code, au moins 15%.
les liens entrant ? et d'où ils viennent ?
les mots clé récurrents dans le contenu des pages

Les plus important : **LE CONTENU** optimisé
et **LES LIENS** internes et externes

Puis on crée un lien avec search-console/ ,
- google reviendra régulièrement l'indexer selon
les mise à jour de votre site.
- Outils d'audit : .seoquake.com et .woorank.com/fr .

SEO optimisé, mots clés, liens entrants, "les silos"

- **Etablissez une liste de 10 mots clé** dans votre domaine,
- utilisez cette liste sur vos pages, méta données, balises h1, mais aussi réseaux sociaux, et campagnes,
- **Vérifiez les mots clé de vos concurrents avec SEO Quake,**
- vérifiez ce que vous propose google trends /trends.google.fr .
- La **théorie des silos** consiste à relier les pages par des liens internes, en plus du menu.
- Obtenir des liens d'autres sites partenaires, et si possible dans votre sujet.

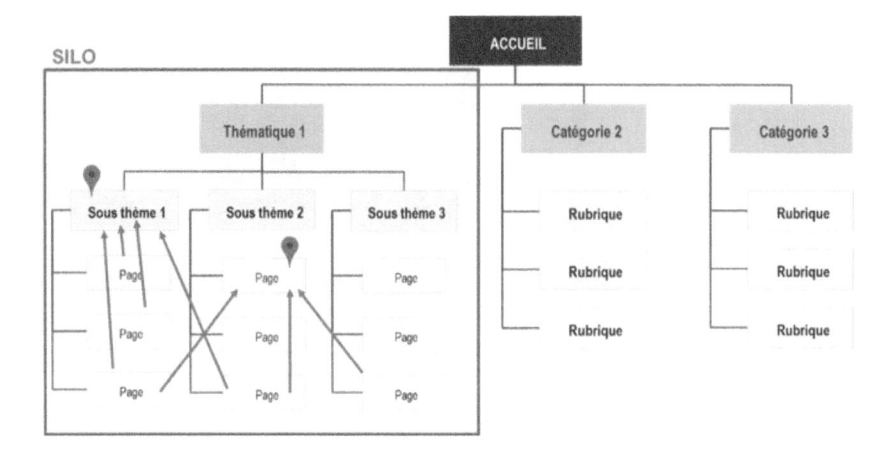

Connecter le site à Google

Il existe **4 outils indispensables et gratuits** de Google à installer sur votre site pour les raccorder :
- **Search console** : pour le référencement naturel. Demandez à google d'indexer votre site.
- **My business** : pour la fiche google maps, avec horaires site web photos ...
- **Analytics** : pour les statistiques de votre site, nb visites, temps passé, sources de trafic ...
- **Google ads** : pour les campagnes publicitaires, sur la page de recherche, youtube shopping display et remarketing.

Campagnes, ciblage, display et remarketing

- Choisissez votre budget, au coup par clic avec une limite par jour (ex: 30 cts x 50 €/jour = 150 visites)
- une campagne comprend : l'annonce, les mots clés (inclus exclus),
- et le ciblage : horaire zone (villes) âge sexe appareil.

- le **display** permet de faire de la pub sur les blogs (que vous choisissez)
- créez une campagne "display" séparée du "search"
- le **remarketing** permet de recibler ceux qui sont déjà passé sur votre site (augmente la conversion à 4%).
- il faut bien "serrer", suivre et optimiser sa campagne
- ca gère aussi les pubs sur google shopping et sur youtube.

Campagne Google Ads

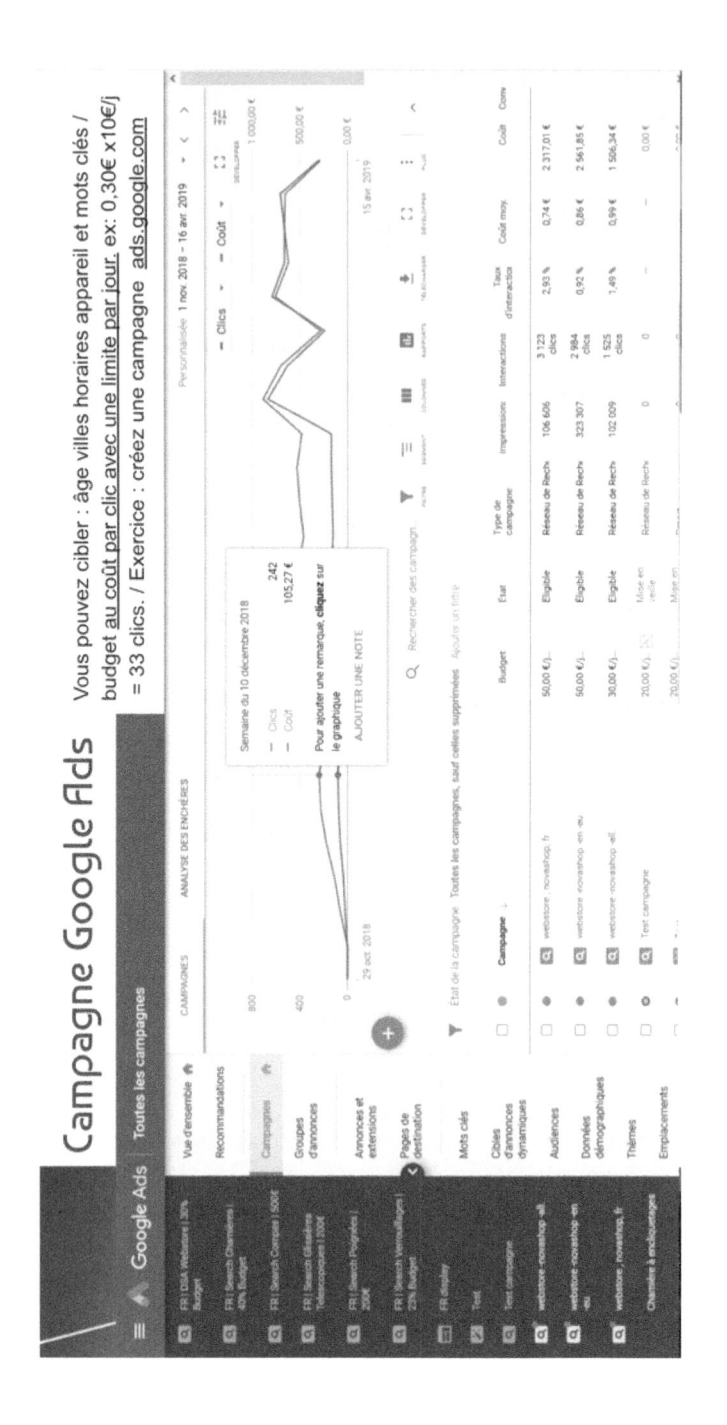

Vous pouvez cibler : âge villes horaires appareil et mots clés / budget au coût par clic avec une limite par jour. ex: 0,30€ x10€/j = 33 clics. / Exercice : créez une campagne ads.google.com

Journalisme et influenceurs

Cas concret : 1000€ de pub x 33 cts le clic = 3000 visites. / conversion 2% de 3000 visites = 60 commandes.
60 commandes x 50€ = 3000 € de ventes. / dont bénef : 20%, 600€. / **DONC : 1000€ --> 600€.**
Exercice : Dites-moi où est le problème et comment le résoudre (par 4 points).

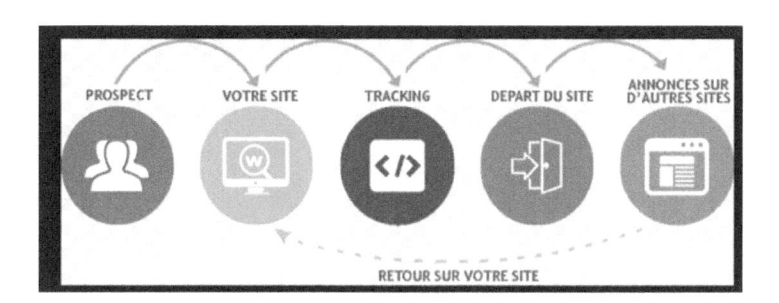

CTR

Le CTR est de taux de qualité de votre campagne : nombre de clics divisé par nombre de ventes

Parcours utilisateur

Maintenant que vous connaissez les newsletters (automation, relances) et les pubs sur Google et Facebook (ciblage, remarketing), mixons tout ca sur un seul parcours.

Journalisme et influenceurs

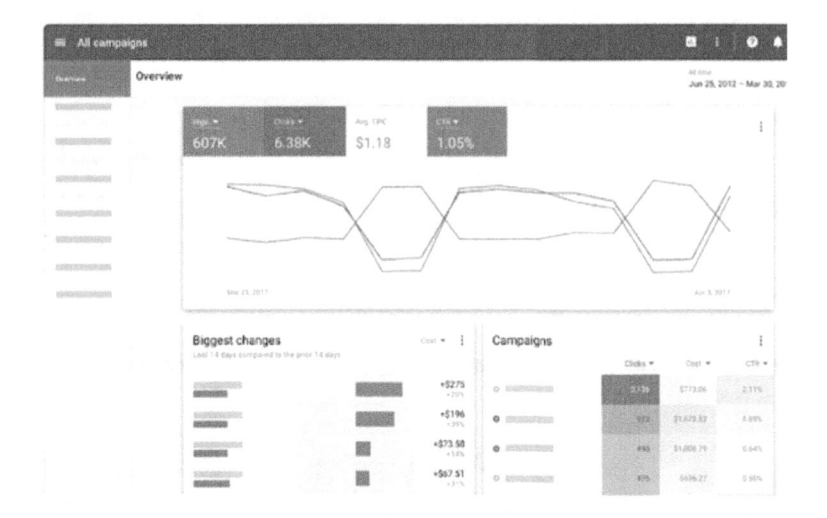

Community manager

Community manager

C'est l'homme orchestre !
il s'occupe de tout ce qui concerne le trafic !
il créé du contenu texte photo vidéo et les diffuse sur différents canaux à différents événements.
il passe 50 % de son temps sur les réseaux sociaux et 50 % de son temps a créer du contenu de qualité, et gérer les campagnes Google Facebook et newsletters.
Un bon communient y manager est créatif graphiquement et il rédige des articles.
On a vu précédemment qu'il existe des outils pour l'aider et simplifier la gestion des réseaux sociaux notamment Hootsuite.

- Le Community manager intervient sur **ses outils interne** (vos canaux), **et externe** (les autres groupes).
- il crée du **contenu, texte photo vidéo,** et les diffusent

- Donnez des informations factuelles, comme un journaliste expert. sans cacher votre fonction.
- Cherchez à générer des réponses, **susciter des interactions** (j'aime commentaires partages)
   et poser des questions comme "qu'en pensez-vous ?" et avec des hashtag # et un lien bien sur

- Un outil de **veille et e.réputation** comme google alert (gratuit) ou **Hootsuite** sera indispensable.
- surveillez aussi les réseaux sociaux de vos concurrents !
- La fonction inclut les relations presse et influenceurs,
- un article peut être décliné sur 3 supports : votre blog, facebook et newsletter

- regardez les statistiques, relancer les bons posts (commentaires), répondre aux messages

Communication 2.0 :

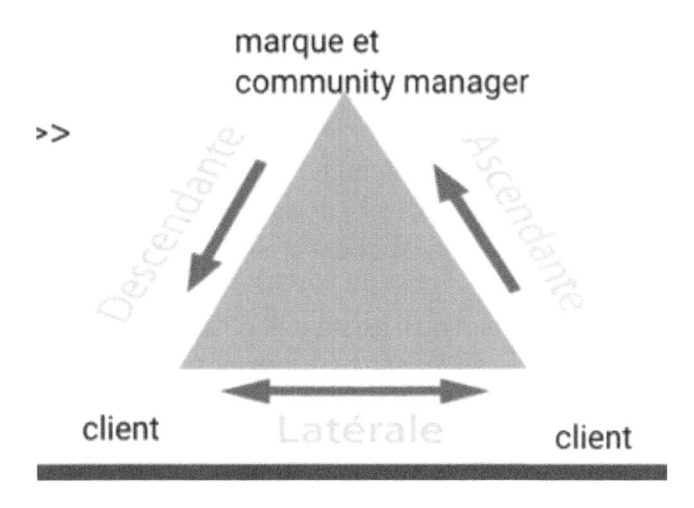

>>

marque et community manager

Descendante / Ascendante / Latérale

client — client

Le but du community manager est de susciter (et surveiller) les interactions , j'aime commentaires partages, et plus le post est partagé et commenté, mieux c'est, mais il faut surveiller ça comme le lait sur le feu.

À votre avis quelles sont les buttes les plus importantes ici ? probablement assurer une veille concurrentielle, gérer ça e-réputation, créer des visuels et textes, éditer un rapport statistiques mensuels, et animer la communauté.

Le schéma général du métier de community manager :
Un cercle qui tourne en rond … le programme de fidélité joue ici un rôle stratégique et capital !

LES 7 ETAPES DE L'ENGAGEMENT

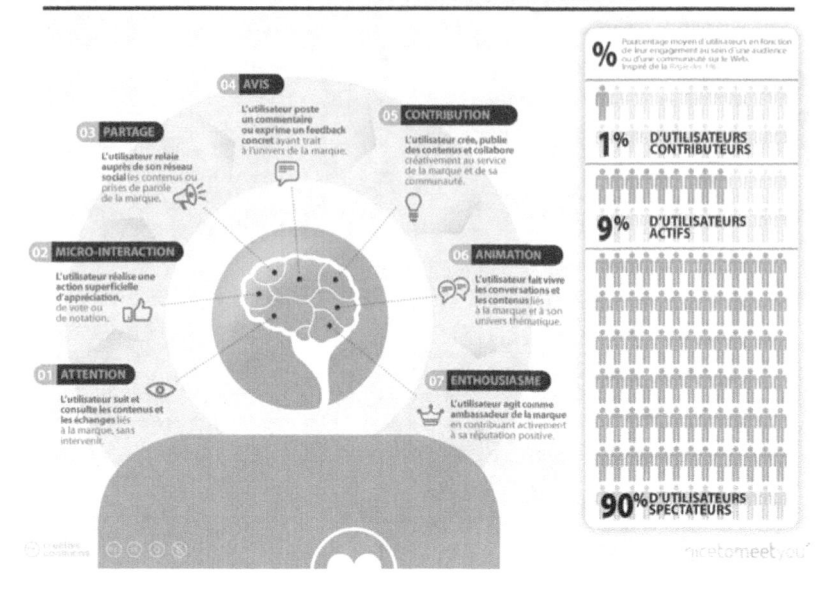

01 ATTENTION
L'utilisateur suit et consulte les contenus et les échanges liés à la marque, sans intervenir.

02 MICRO-INTERACTION
L'utilisateur réalise une action superficielle d'appréciation, de vote ou de notation.

03 PARTAGE
L'utilisateur relaie auprès de son réseau social les contenus ou prises de parole de la marque.

04 AVIS
L'utilisateur poste un commentaire ou exprime un feedback concret ayant trait à l'univers de la marque.

05 CONTRIBUTION
L'utilisateur crée, publie des contenus et collabore créativement au service de la marque et de sa communauté.

06 ANIMATION
L'utilisateur fait vivre les conversations et les contenus liés à la marque et à son univers thématique.

07 ENTHOUSIASME
L'utilisateur agit comme ambassadeur de la marque en contribuant activement à sa réputation positive.

% Pourcentage moyen d'utilisateurs en fonction de leur engagement au sein d'une audience ou d'une communauté sur le Web. Inspiré de la Règle des 1%.

1% D'UTILISATEURS CONTRIBUTEURS
9% D'UTILISATEURS ACTIFS
90% D'UTILISATEURS SPECTATEURS

Le schéma général de ce métier :

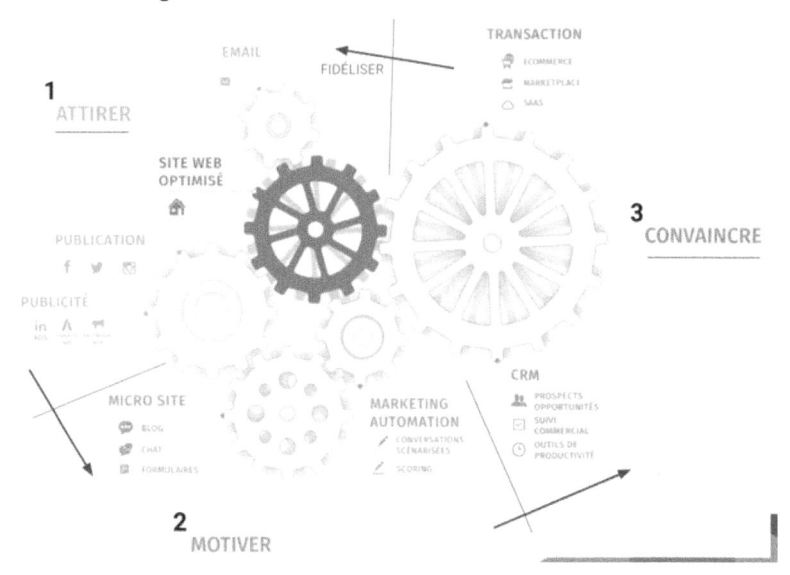

1 ATTIRER
- SITE WEB OPTIMISÉ
- PUBLICATION
- PUBLICITÉ

2 MOTIVER
- EMAIL
- FIDÉLISER
- MICRO SITE
  - BLOG
  - CHAT
  - FORMULAIRES
- MARKETING AUTOMATION
  - CONVERSATIONS SCÉNARISÉES
  - SCORING

3 CONVAINCRE
- TRANSACTION
  - ECOMMERCE
  - MARKETPLACE
  - SAAS
- CRM
  - PROSPECTS OPPORTUNITÉS
  - SUIVI COMMERCIAL
  - OUTILS DE PRODUCTIVITÉ

Journalisme et influenceurs

Community manager / le calendrier commercial

C'est la pierre angulaire de votre marketing digital, (avec le parcours utilisateur).
- Les dates importantes sont listées ci dessous : voir aussi ceux de .prestashop.com/ / .sendinblue.com/
- Pensez aussi à **surveiller vos concurrents** pendant ces événements
- créez des posts pour surprendre et amuser, contenant : question, hashtag et lien > interactions
- **ajoutez une promo** : avec le code promo "CRAZY", gagnez - 10€ sur votre commande (dès 50€) valable 48h,
 ou 2 acheté 3e moitié prix, ou livraison gratuite pendant 48h,
ou bien "un cadeau vous attend en magasin"
- Répartition du budget : mettez 30% sur noël, 30% sur les soldes, et 40% sur les autres dates.

Exercice : inventez 5 posts créatifs pour :
du chocolat pour pâques,
des bijoux pour la saint-valentin,
des accessoires voiture pour halloween,
des jouets pour noël,
 et des polos pour les soldes (2e démarque).
Et adressez-vous directement à eux, dites « vous ».

janvier	février	mars
soldes, du 10 jan. au 18 fev.	saint valentin, 14 février	journée de la femme, 8 mars
fashion week, fin janvier	nouvel an choinois, le 9	pacques, fin mars
	soldes, 2e démarque > 15 fev.	printemps, 20 mars
juillet	**août**	**septembre**
soldes, 2e démarque > 2 aout		7 sept., rentrée des classes
14 juillet, fête nationale		22 septembre, automne
vacances préparer bagages		fashion week. fin septembre.
		déstockage rentrée, vente privée

avril	mai	juin
22 avril, journée de la terre	29 mai, fête des mères	soldes, 22 juin au 2 aout
	les ponts de mai, escapades	19 juin, fête des pères
	1er mai, fête du travail.	été, 20 juin
	9 mai. commece équitable	
octobre	**novembre**	**décembre**
31 octobre, halloween	25 nov., black Friday /US	6 dec: st nicolas
(vérifier le catalogue ! inventaire		25 dec: noël
prix photos rédaction)		21 déc, hiver

Mesurez avec Google Analytics

- outil gratuit permettant de suivre les statistiques : combien de visites, nb pages par visites, taux de rebond, les ventes, les canaux d'accès (res. sociaux, newsletters, influenceurs, …)
- relier le compte aux autres outils google
(search console et ads) et votre e.shop
pour échanger les données.

- 3 pages sont importante : **Page d'accueil,
Audience** vue d'ensemble, et **Acquisition** vue d'ensemble.

Journalisme et influenceurs

- vous pouvez créer des objectifs de visites et des rapports mensuels par e.mail

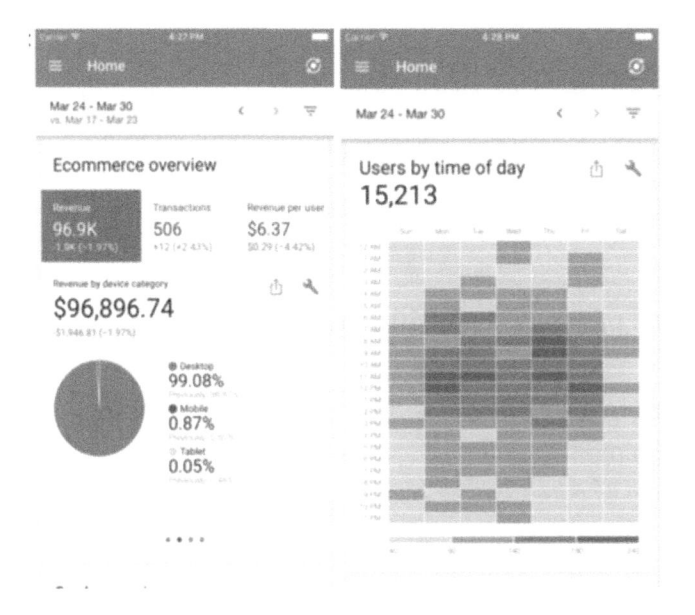

Appli mobile de analytics

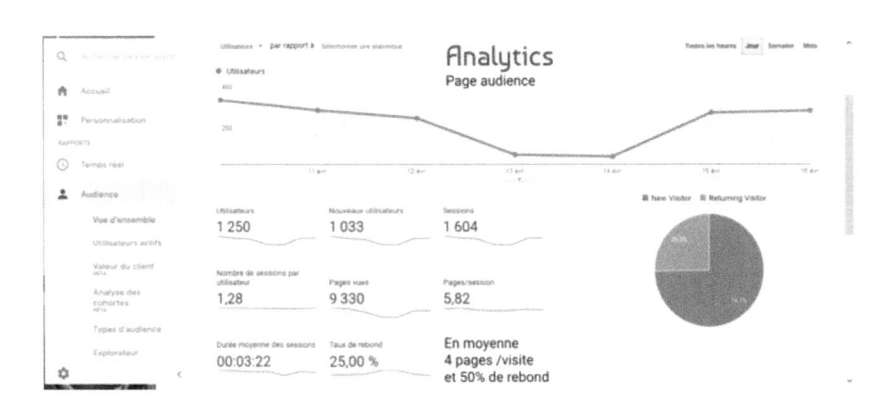

En moyenne : 4 pages /visite et 50% de rebond

- vous pouvez créer des objectifs de visites et des rapports mensuels par e.mail

Fidélisation

Programme de fidélisation

Rappel du parcours : acquérir > vendre > fidéliser.
Chouchoutez vos clients ! ils aiment se sentir privilégié.
- Ca coute moins cher de fidéliser que de prospecter.
Il existe plusieurs outils :

- parrainage, points fidélité, carte cadeau
- les codes promos, ex. "summer",
- événements, invitations, expos, dégustation,
 soirées, avant-première, ventes privées …
- relancez : les meilleurs clients, "on veut vous remercier …"
les moins bons clients, "vous nous manquez …",
 les anniversaires,

Ce que vous pouvez offrir : un objet "une trousse offerte pour l'été" pour toute commande,
un code promo "crazy" -10€ pendant 48h, ou 2 acheté le 3e moitié prix, ou livraison gratuite pendant 48h.
- moyen technique : vos newsletter et automation, ex. sendinblue ou mailchimp
- le meilleur moyen de fidéliser est de proposer un abonnement, une carte VIP (ex: amazon prime)

Etude de cas

Faites des groupes de 3 ou 4 étudiants. Choisissez une boutique en ligne de sport, mode, déco ou autre.
Analysez leurs outils de fidélisation (ce que vous pouvez en voir, vente flash événements carte club…)
Etablissez une liste de <u>recommandations</u> pour l'améliorer.

Cas concret

Créez des groupes de 3 ou 4 étudiants. Vous travaillez pour un site au choix, mode déco …
 (autre thème que précédent).
Expliquez comment vous allez utiliser et suivre google analytics, et quoi en particulier.
Proposez un budget pub idéal basé sur un budget annuel de 50 000 €.
<u>Proposez des idées</u> de fidélisation (les clients aiment se sentir privilégié, chouchouté).
Préparez une présentation orale de 15 mn pour le prochain cours, avec 5 diapos pour chaque exercice.

Story telling

Story telling
" Ne vendez pas des matelas, vendez de beaux rêves ... "

Si j'essaye de vous vendre en plein milieu du XIXe siècle un programme politique qui prône les cinq semaines de congés payés et les 35 heures, avec des graphiques des bilans et des nouveaux impôts, vous me direz que c'est impossible.
 c'est impossible parce que je passe par la raison .
si je passe par l'émotion c'est différent .

si je vous écris un roman où causette est exploité et sa mère doit vendre ses dents pour l'entretenir, vous trouverez ça déchirant et vous prendrez fait et cause pour le cette jeune fille et contre la misère.

L'émotion est plus forte que la raison.
Elle peut se suffire à elle-même, sans la rationalité objective, pour vendre un produit.

Story telling / Les contes de fées

Les contes de fée servent à éduquer les enfants :

exemple du chaperon rouge, blanche neige, le petit poucet et cendrillon. Si on faisait un cours de psychanalyse à des enfants sur la jalousie les complexes et la mort, ils n'écouteraient pas. Cette narration permet d'illustrer le message, et se suffit à elle-même.

Pour inventer un conte, il faut :

Un héros ou une héroïne	Des personnages bénéfiques	Des personnages maléfiques
Un prince	Une fée	Un ogre
Une princesse	Un lutin	Une sorcière
Un animal	Un magicien	Le dragon

On peut aussi parler de mythologie greque et romaine, où des « histoires » servent a éduquer à une époque où peut de gens savant lire.

Les super-héros

Il y a aussi des contes modernes, des **super héros**, superman et batman. Trois profils interviennent :
le héros, auquel on s'identifie, le méchant, qui crée un stress, et le donateur, qui permet une fin heureuse.

La littérature au 19e

Russe et française, la littérature de Zola, Victor Hugo et Balzac, utilise leurs héros pour créer de l'émotion et de l'empathie. C'est aussi le cas des opéras de Verdi.

Story telling /
Les structures narratives

- Le héros, qui résout le problème, est le produit.
- Le film parle du personnage, auquel on s'identifie, et produit est secondaire.

Les 5 étapes essentielles d'un story telling réussi :

1 PERSONNAGE / créer un persona (âge emploi loisirs)
2 PROBLÈME / peur, menace, manque,
3 **LE HÉRO /** Voiture, parfum, montre, sac à main.
4 QUÊTE / confrontation
5 SOLUTION / espoir, empathie, amour,

A la fin La solution soulage tout le monde. Le produit est la solution à notre problème.

Exemples :

le petit chaperon rouge va tuer le loup grâce a son panier empoisonné. Remplacez le panier par un parfum et vous avez une superbe publicité de chanel N°5.

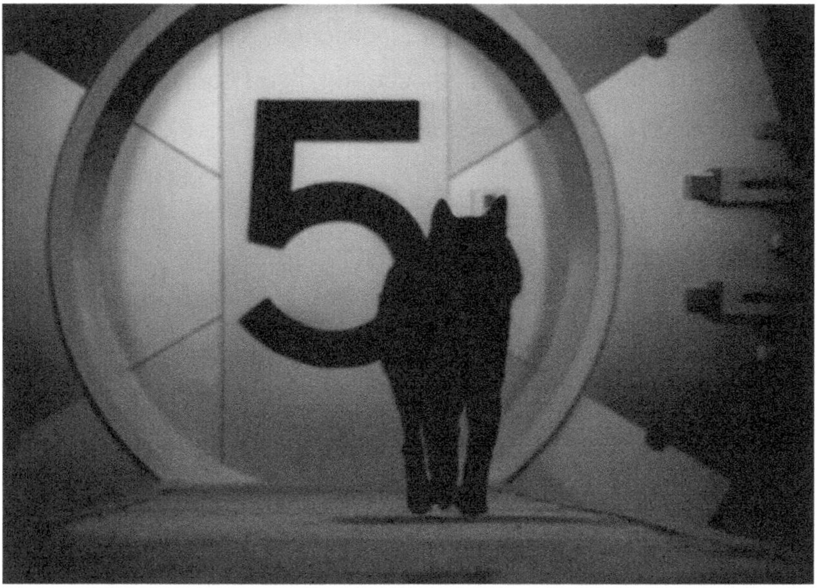

Causette est sauvée de chez les ténardier par jean valgean qui aide a porter les sceaux d'eau et « rachète » la petite causette. . Imaginez une publicité où les sceaux d'eau sont des sacs a main de luxe.

La belle au bois dormant a été empoisonnée par la sorcière, mais un antidote apporté par les 7 nains lui permettront de rejoindre le prince charmant.
Imaginez que cet antidote est une Mercédès et que les nains sont des garagistes.

Les dieux grecs s'ennuient sur le mont Olympe mais grâce aux Ferrero rocher, tout est plus agréable …

Je prends ici exprès des exemples de contes de fées de mythologie et de littérature du 19e.

Vidéo virale

Vidéo

On a vu l'importance du scénario et story board. Mais si la technique est médiocre, personne ne regardera votre vidéo !

Cadrage

Il faut également que le cadrage soit bon, et que le plan soit fixe, **sur un pied** !
Pour réussir tout cela, **préparez vos plans** et faites des essais. De nos jours, un appareil photo canon ou nikon capture aussi de la vidéo de qualité.

Eclairage

Achetez aussi du matériel d'éclairage trois points de studio. En extérieur, il faut un disque de reflet qui va contrer l'angle principal d'éclairage, voir un **panneau LED**.

Le son

Pour le son, en extérieur, achetez un bon micro qui efface le son du vent, et en intérieur, un **micro cravate**. /

Youtube institutionnel ou Facebook éphémère ?

Journalisme et influenceurs _____ -/ 122

YOUTUBE (institutionnel)
16/9e
5 à 20 mn ou +
Permet : j'aime, commentaires
Pub : complexe (google ads)
référencé sur google 1er, youtube 2e !
oui monétisé

FACEBOOK (éphémère)
Format 4/3
moins de 3 mn
j'aime comment. partage
pub : facile (boost)
référencement que sur facebook
non monétisé

INSTAGRAM
carré (mais pas que)
une mn maxi
j'aime, commentaires, pas de partage
pub géré par facebook
référencement que sur insta
non monétisé

FB / YT : utilisez les deux ! :
- pour une info **institutionnelle** : une version longue
-> **YT** montage complet

- pour une info **éphémère** : un événement, une actu rapide une bande annonce -> **FB** et insta,

- mettez titres, # et une description qui donnent envie (>interactions), exemple : "qu'en pensez-vous ?"

- pour les story, filmez en format portrait (vertical) / - suivez les stats pour optimiser votre chaîne !

Journalisme et influenceurs _____ -/ 125

Notions de stratégie

COMMENT CRÉER UNE STRATÉGIE MARKETING POUR VOTRE SITE WEB

1. Définir objectif et cible
2. Analyser la concurrence
3. Faire un bon webdesign
4. Réaliser le référencement naturel
5. Aller plus loin !

https://agencedream.fr

Le SWOT (vous et votre marché)

Forces faiblesses opportunités menaces
permet de faire un tour complet du marché :
forces et faiblesses de votre entreprise
opportunités menaces de votre marché
Exercice : réalisez un SWOT d'un site au choix
avec les détails décrits ici
(prix techno image production …)

FORCES	FAIBLESSES
interne	
Prix ; Technologie ; Faible concurrence Etc.	- Prix ; - Performance ; - Mauvaise image du produit; - Etc.
OPPORTUNITÉS	MENACES
externe	
Nouveaux marchés ; Innovation ; Etc.	- Nouvelle concurrence; - Augmentation des coûts de production ; - Etc.

Le Mapping (concurrents)

Voici ce qu'on appelle un **mapping**. 2 axes et 2 critères utiles.
- Ca permet d'identifier les vrais concurrents et les faux, et ceux qui représentent une menace directe, et les autres.

Installez des veilles régulières :
- créez une veille de l'innovation, les fournisseurs, nouveaux produits, partenariats, … 2x/an
- et une veille des concurrents, 4x/an : réseaux sociaux, gamme de produits, événements
- Veille de marché régulière : créez des alertes automatiques avec google alert, par mots clés, au moins sur votre marque.

Exercice : à l'aide de ce schéma, réalisez une veille du marché des voitures hybrides

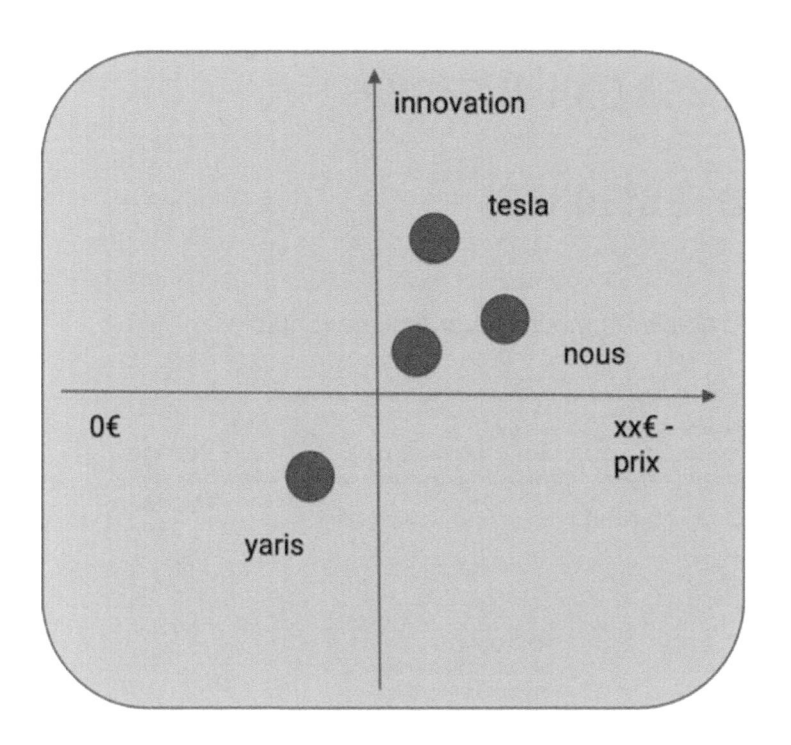

innovation

tesla

nous

0€   xx€ - prix

yaris

Business model canvas (votre rentabilité)

Permet d'établir un modèle économique rentable …

PARTENAIRES partenaires clés, fournisseurs, associés (clt ou frs) optimiser les risques	ACTIVITÉ réalisation, travail, outils, plateforme et réseau	OFFRE valeurs, problématique, bénéfice, services performance design
	RESSOURCES ce qui est nécessaire humain et financier brevet marque	
COUTS les frais les plus importants charges fixes (salaires loyers) et variables (sous-traitance), économie d'échelle, cercle vertueux		

RELATIONS CLIENTS type de relation, suivi, service après vente coût, automatisation (faq) co-création	**SEGMENTATION** segment principal et secondaires, les niches ou mass market
DISTRIBUTION e.shop, franchise, demande livraison	

REVENUS
Business model, location freemium
abonnement
moyen de paiement, marge
bénéficiaire, rentabilité fidélisation

Journalisme et influenceurs _____ -/ 131

Segmentation de clientèle

- La segmentation consiste à créer des produits similaires à partir de son produit phare, mais spécialisés selon différent profils cibles.
- Commencez par le segment principal.
Ainsi on peut créer une cible primaire et secondaire.
Ex : RTL. primaire : ménagère. secondaire : étudiants.

- C'est indispensable si on a des milliers de clients,
- Ca permet de réagir et répondre, selon 3 ou 4 profils ou groupes de clients types, à répartir dans un CRM.
- Cela définit autant de messages différents
 et adaptés : "du bowling au billard"
- Ca serait bien de faire une pub que pour les familles
Exercice : créez une segmentation pour un palace.
soyez créatif !

Graphique 2
Répartition de la clientèle selon les types de vacances

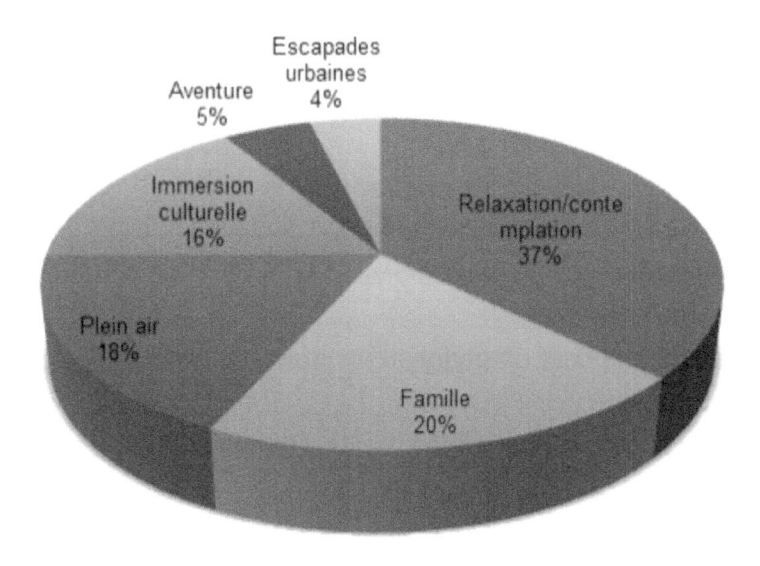

- Escapades urbaines 4%
- Aventure 5%
- Immersion culturelle 16%
- Plein air 18%
- Famille 20%
- Relaxation/contemplation 37%

Dépôt de marque, l'INPI

- Déposer une marque coûte 250€ pour 10 ans, sur 3 catégories (classes) et en france.
voir www.inpi.fr
- vous pouvez déposer une marque dans plusieurs catégories et plusieurs pays.
voir bases-marques.inpi.fr/.
- vous pouvez déposer un projet ou un prototype dans une enveloppe Soleau.
- vous pouvez aussi déposer des brevets, (e.soleau mais bien plus poussé).

Ⓜ	Ⓓ	Ⓑ
Protéger votre marque	Protéger votre création esthétique	Protéger votre création technique

CNIL, RGPD

- RGPD, appliqué par la CNIL en france, protège la vie privée de vos clients, parfois inquiets par le "big data" (google et fb).
- Ils doivent pouvoir avoir accès aux données que vous stockez sur eux, deux ans maximum.

- Expliquez tout ce que vous faites des données reçues, notamment à la commande. voir RGPD et CGV
exercice : sur le site de sephora, copiez sur un doc les : CGV, mentions légales et RGPD.

Partenariat, co-branding

- Quand deux marques, non concurrentes et ayant la même clientèle, réalisent une opération commune.
exemple : kookai / sephora ou dessange / agatha
- C'est utilisé essentiellement pour des marques qui démarrent (sephora a déjà les clients de kookai, etc.)

- Ca peut être un **partenariat stratégique,** c'est à dire indispensable pour le long terme,
- Ou bien un **partenariat éphémère,** juste pour une opération de communication. Exemple : ouicar (location de voitures) et AXA (assurance). Dans ce cas le partenaire peut devenir associé, à 10% par exemple.

BtoB / qu'est ce que l'Inbound

- inciter les prospects à laisser leurs coordonnées en échange d'informations ou services offerts qui les intéresse, et ainsi d'obtenir des contacts qualifiés.
- Autrement dit, au lieu d'acheter des contacts, ce sont eux qui viennent à vous.

- le but du jeu est de publier comme un **expert de son domaine** et publier des articles de qualité chaque semaine sur son blog, et c'est pas simple !
- pour cela il faut établir un planning éditorial et s'y tenir.

Journalisme et influenceurs _____ -/ 136

- de plus **le but n'est pas de donner l'intégralité des infos** aux prospects, mais de créer un besoin, de vous rendre indispensable et donner envie de vous rencontrer.

Ce qu'on peut OFFRIR : un résumé, un sommaire, pour appâter.

- **services** : **1er rdv offert, audit offert,** prototype > contre l'envoi de coordonnées
- **contenu** : **blog, livre blanc** (pdf), comparatif, guide technique, > contre l'envoi de coordonnées
- **formulaire** : obtenir coordonnées, société nom tel e.mail ... (pas plus) que vous recevez par e.mail.
- créer l'interaction, sur les réseaux sociaux dont Linkedin (BtoB).

Dans la même collection

Journalisme et influenceurs
Webdesign et webmarketing
L'essentiel du e.commerce
Outils de création graphique, et adobe CC
Design graphique du 20ᵉ siècle
Veille et stratégie digitale
Innovation et business modèles digitaux
Devenir digital nomade
Devenez franchisé
Luxe et story telling
Production vidéo, écriture tournage montage
(Disponibles sur Amazon.fr)

© Nicolas de Beaulieu, Novashop, Paris 11ᵉ
formateur en école et en entreprise
www.novashop.fr – nicolas@novashop.fr
si vous avez aimé ce livre, svp postez un avis sur amazon.fr

Printed in France by Amazon
Brétigny-sur-Orge, FR